Harald Bauer

Frankreichs Sicherheitspolitik und das geteilte Deutschland 1980 - 1985

Harald Bauer

Frankreichs Sicherheitspolitik und das geteilte Deutschland 1980 - 1985

Zwischen Kontrolle, Kooperation und Abhängigkeiten

EXpress Edition

CIP-Kurztitelaufnahme der Deutschen Bibliothek:

Bauer, Harald:
Frankreichs Sicherheitspolitik und das geteilte
Deutschland 1980 - 1985: Zwischen Kontrolle,
Kooperation u. Abhängigkeiten/Harald Bauer. –
Berlin: EXpress Edition, 1987.
(X-Publikationen)
ISBN 3-88548-756-X

Verlag und Vertrieb EXpress Edition GmbH
Postfach 11 02 63
Ritterstr. 60 b
1000 Berlin 61
Tel.: 030/251 11 36

Druck WB-Druck, 8959 Rieden

Inhalt

Einleitung

Als der zweite Weltkrieg zu Ende war, hatte Frankreich zunächst keinen Grund mehr zur Befürchtung, daß von deutscher Seite eine direkte Gefahr ausgehe, die deutsche Niederlage war total, das Land besetzt. Das änderte nichts am Fortbestehen des Sicherheitsproblems Deutschland für Frankreich. Zur Lösung des Problems flog de Gaulle 1944 nach Moskau und schloß einen Freundschaftsvertrag mit der Sowjetunion, von beiden Seiten wurde die Oder-Neisse-Linie als Garantie gegen eine deutsch-polnische Verständigung gesehen.
Im Westen schloß Frankreich 1947 mit Großbritannien den Vertrag von Dünkirchen, der 1948, in Brüssel, durch Belgien, Luxemburg und die Niederlande erweitert wurde.
In dieser Zeit konstituierte sich ein das Sicherheitsproblem Deutschland überlappender Konflikt, der Ost-West-Gegensatz, und führte 1949 zur Bildung zweier Staaten auf dem Boden Deutschlands: Zuerst, am 5. Mai 1949, wurde aus den drei Westsektoren des besetzten Deutschland die Bundesrepublik gebildet, am 7. Oktober erklärte die Sowjetunion ihren Sektor zur Deutschen Demokratischen Republik.
Damit hatten sich die Bedingungen für Frankreich fundamental geändert. Das Sicherheitsproblem Deutschland war in zwei Teile gespalten. Der eine Teil, die DDR, war fest verankert im Machtbereich und unter der Kontrolle der Sowjetunion, wurde somit einem anderen Feld des Sicherheitsproblems, dem Ost-West-Konflikt, einverleibt und wurde kein selbständiger Faktor. Zudem gibt es einigen geographischen Abstand zwischen Frankreich und der DDR (und dem Ost-West-Konflikt). Dieser Abstand wird vom anderen Part des geteilten, und damit entschärften, Sicherheitsproblems gebildet, der Bundesrepublik. Mit ihr hat Frankreich eine gemeinsame Grenze.
Damit sind die beiden wichtigsten sicherheitspolitischen Problemfelder Frankreichs aufgezeigt. Es sind die Bundesrepublik und der Ost-West-Konflikt. Von 1945 bis 1962 waren das auseinanderfallende Kolonialreich, die Kriege in Indochina und Algerien, der schmerzhafte und lange hingezogene Prozeß der Entkolonialisierung, an dem die IV. Republik letztlich scheiterte, ein bedeutendes Problemfeld der französischen Sicherheitspolitik. Davon sind Interessen in Übersee, die Départements/Territoires d'outre mer (DOM/TOM) und die Franc-Zone, sowie der Anspruch der Verteidigungspolitik auf weltweite Gültigkeit geblieben. Der Übersee-Bereich spielt bei dem gegebenen Thema keine Rolle.
Das Spannungsverhältnis französischer Sicherheits- und Deutschlandpolitik erklärt sich aus den beiden Konstituenten Bundesrepublik und Ost-West-Gegensatz.[1] Auf beide hatte Frankreich im Stadium ihrer Herausbildung, und bis heute, keinen entscheidenden Einfluß, an den Konferenzen von Teheran, Jalta

und Potsdam war es zu seinem Leidwesen nicht beteiligt, genausowenig wie es Einfluß auf die 1947 verkündete Truman-Doktrin, das beabsichtigte ‚containment' der Sowjetunion, hatte.
Die Bundesrepublik, deren Souveränität durch die alliierten Vorbehaltsrechte beschränkt ist, war von den USA und Großbritannien als Bollwerk gegen den Osten gedacht, weshalb sie wieder bewaffnet werden sollte. Darauf mußte Frankreich reagieren. Es setzte sich die Devise ‚Kontrolle durch Einbindung' durch. Bereits 1945 hatte man im französischen Außenministerium formuliert, was nunmehr Politik wurde: „Der Deutsche ist ein Wesen, das ständig in Bewegung ist und angesichts dessen unsere statischen Sicherheitskonzeptionen wertlos sind. Die Erfahrung der Jahre 1918 bis 1936 hat das gezeigt. Wenn man ihm alle Auswege verbaut, jagt er das System in die Luft. Man darf ihm nicht die Hoffnung nehmen, sondern muß ihm Wege eröffnen, die ihm Hoffnung auf Entfaltungsfreiheit lassen, zugleich muß man ständig präsent sein, um seine Bewegung zu leiten."[2] In diesem Sinne wurde die Montanunion gegründet (1951), das Projekt für eine europäische Verteidigungsgemeinschaft (EVG) scheiterte 1954 am Widerstand des französischen Parlaments, worauf 1954 durch die Brüssler und Pariser Verträge der Eintritt der Bundesrepublik in die NATO vollzogen wurde, mit durch den WEU-Vertrag festgelegten Rüstungsbeschränkungen (siehe Kap. 4.2.2.). 1957 wurde mit den römischen Verträgen die europäische Gemeinschaft (EG) gegründet, 1963 der deutsch-französische Freundschaftsvertrag geschlossen, dessen militärische Klauseln aber erst 1982 Geltung erhielten. Der Grund dafür war Druck auf die Bundesrepublik durch die USA.[3] Was die Grenzen der direkten Einbindung aufzeigt. Die Bundesrepublik unterliegt dem bestimmenden Einfluß einer Macht, die stärker ist als Frankreich, dem der USA, eines der Determinanten des Ost-West-Gegensatzes. In gewisser Weise ist auch die DDR durch die Einbindung kontrolliert, Frankreich kann sicher sein, daß die Sowjetunion, mit ihrer bekanntermaßen großen Furcht vor den Deutschen,[4] der DDR nichts gestatten wird, was einer Gefährdung ihrer Sicherheit gleichkäme. Die Sowjetunion, sehr bedacht auf die Beibehaltung dessen, was man in Frankreich ‚das System von Jalta' nennt, des Status quo, und im Ost-West-Konflikt potentieller Gegner, ist aber auch gegenüber der Bundesrepublik äußerst mißtrauisch.
Auf die Deutsche Wiederbewaffnung, die Verträge von Brüssel und Paris, reagierte sie u.a. mit der Kündigung des Freundschaftsvertrages mit Frankreich; bis zum Abschluß des Grundlagenvertrages im Rahmen der Ostverträge behielt sie sich vor, gegen die Bundesrepublik nach den Feindstaaten-Artikeln der UNO-Charta vorzugehen, §53 und 107; wenn es um den Besitz von Atomwaffen oder deren Kontrolle durch die Bundesrepublik geht, wird in Frankreich gern darauf verwiesen, dies sei für die Sowjetunion völlig inakzeptabel, gar ein ‚Casus belli'. André Fontaine, Direktor von Le Monde und Kommentator des Zeitgeschehens, zitiert Marschall Gretschko mit der Äußerung, „wenn die Deutschen Atomwaffen haben, werden wir sie holen."[5] Für Frankreich besteht die Versuchung, die sowjetische Deutschland-Angst auszunutzen. Stärkere

Spannung zwischen Sowjetunion und Bundesrepublik führt zu stärkerer Einbindung dieser in den Westen.
Die Sowjetunion selbst hingegen ist, durch ihre Militärmacht und als anderer Determinant des Ost-West-Konflikts, ein Sicherheitsproblem für Frankreich. Die Intensität des Ost-West-Konflikts bestimmt die politische Großwetterlage und die Handlungsspielräume der europäischen Staaten und auch Frankreichs, selbst wenn dieses sich dagegen sträubt, wofür die Formel ‚sortir de Yalta' steht. In Frankreich gibt es die Meinung, wenn man an den Konferenzen von Teheran, Jalta und Potsdam beteiligt gewesen wäre, hätte man die Teilung Europas in zwei feindliche Lager verhindern können.[6]
In den 50ern, unter dem Zeichen des Kalten Krieges, herrschte überwiegend starke Spannung; die Einbindung von Bundesrepublik und DDR wuchs, die Bundesrepublik war ausschließlich nach Westen orientiert, auch die IV. Republik gab sich atlantisch.
In den 60ern änderte sich die Intensität des Ost-West-Konflikts, die Spannungen nahmen ab, USA und Sowjetunion setzten auf Entspannung. Frankreich, unter de Gaulle nun vermehrt auf eine eigenständige Position bedacht, setzte auf seine eigene Entspannung mit der Sowjetunion. Ein Zeichen seiner Unabhängigkeit von den USA war der Aufbau der Force de Frappe.[7] Die verminderte Spannung schaffte aber auch der Bundesrepublik Raum, den sie ab 1969 zur Ostpolitik nutzte. Die Ostpolitik wiederum war für Frankreich Anlaß zu Mißtrauen.[8] Doch das Mißtrauen verflog Mitte der 70er, man hielt die deutsche Frage für gelöst.[9]
Anfang der 80er verschärften sich die Ost-West-Spannungen; einer der Determinanten, die USA, glaubte, von der Entspannung nicht profitiert zu haben und eine andere, härtere Politik gegenüber der Sowjetunion verfolgen zu müssen. Doch siehe da, die Bundesrepublik, bisher stets leicht bei der Stange zu halten, wollte ihren Teil der Entspannung beibehalten, das Verhältnis zur DDR weiter verbessern, und machte Anstalten, sich gegen eine Raketenstationierung auf ihrem Boden zu sträuben, die mit Sicherheit eine Verschärfung der Ost-West-Spannungen bringen würde.
Da war es plötzlich wieder da, das Sicherheitsproblem Deutschland. In Frankreich fürchtete man, es könne zu einer Wiedervereinigung unter Neutralisierung Deutschlands kommen.
Die Teilung Deutschlands aber ist eine der Grundbedingungen seiner Kontrolle, sie wird durch den Ost-West-Konflikt garantiert. Dies galt für de Gaulle. Fontaine weiß zu berichten, Präsident Pompidou habe in einer vertraulichen Unterredung mit der Spitze von Le Monde geäußert, „man müsse Deutschland im Zaum halten und dabei doch die bestmöglichen Beziehungen zu ihm unterhalten. Dazu müsse man sich gleichzeitig auf die USA, die UdSSR und Großbritannien stützen. ... ‚Sie verstehen, daß ich dies nicht öffentlich sagen kann.'" Giscard d'Estaing soll, laut Fontaine, bei seinem Treffen mit Breschnew in Warschau, Mai 1980, das gemeinsame Interesse an der Aufrechterhaltung der deutschen Teilung betont haben.[10]

Mit der Teilung Deutschlands rückt Frankreich in die zweite Linie hinter der Konfrontations- und möglichen Kampflinie des Hauptkonflikts Ost-West, die mitten durch Deutschland verläuft. Diese Position sichert Frankreich eine gewisse Unabhängigkeit, macht es aber auch von der Sicherheit des ‚glacis' Bundesrepublik abhängig. Die wird durch die USA garantiert, die gleichzeitig die Bundesrepublik kontrollieren, ihr beispielsweise den Zugang zu Atomwaffen verwehren, was durchaus im Interesse Frankreichs ist.[11]
Über den Ost-West-Konflikt haben die USA wiederum Einfluß auf Frankreichs Spielraum. Bei großer Spannung, gar Gefahr eines bewaffneten Konflikts, bleibt Frankreich wenig Raum für Eigenständigkeit, ein Krieg Ost gegen West würde mit Sicherheit auch französisches Gebiet erfassen. Bei nachlassender Spannung wächst der Freiraum, was unter de Gaulle so weit ausgebaut wurde, daß manche gar von ‚bewaffneter Neutralität' redeten (und reden).[12] Je unabhängiger Frankreich sich gibt, desto mehr treibt es die Bundesrepublik, die ihre Sicherheit nicht alleine gewährleisten zu können glaubt, in die Abhängigkeit von den USA.
Der Freiraum der Bundesrepublik wächst ebenfalls bei abnehmender Ost-West-Spannung. Die beiden Hauptfaktoren von Unsicherheit für Frankreich, der Ost-West-Konflikt und die Bundesrepublik, stehen in enger Beziehung zu einander. Läßt die Ost-West-Spannung stark nach, steigt die Unsicherheit über die Bundesrepublik. Sollten sich die USA gar aus Europa zurückziehen, der Ost-West-Konflikt seinen dominanten Charakter verlieren, würde das ganze Nachkriegssystem zusammenbrechen, wäre die Sorge über den Unsicherheitsfaktor Deutschland größer als 1945, denn dieses ist inzwischen wirtschaftlich wieder erstarkt. Hinzu käme die Unsicherheit, die aus der Militärmacht der UdSSR und der Ungewißheit über ihre Absichten entsteht.
Das ‚sortir de Yalta', die Überwindung der Vorherrschaft der Supermächte in Europa, Formel von de Gaulle und auch von Mitterrand, hat eine Grenze in dem Sicherheitsproblem Deutschland. Das sind die Rahmenbedingungen und Bewegungsräume französischer Sicherheitspolitik in Europa.
Der Terminus Sicherheitspolitik wird mit unterschiedlichen Akzenten definiert. „... im engeren Sinne alle polit. Maßnahmen eines Staates oder Staatensystems, die darauf abzielen, gewaltsame grenzübergreifende Auseinandersetzungen zu vermeiden, einzudämmen oder zu beenden; im weiteren Sinn auf nat. Ebene auch Maßnahmen zur Stabilisierung der inneren Sicherheit sowie auf intern. Ebene zum Ausgleich der Interessen und zur Angleichung der Lebensbedingungen zwischen Industrienationen und den Ländern der Dritten Welt (Entwicklungspolitik). Zum Instrumentarium nat. S. gehören die Pflege internat. Beziehungen (Diplomatie, Konferenzpolitik), die Information über gegner. Absichten (Spionage), die Unterhaltung von Streitkräften, das Eingehen von Bündnissen und internat. Verträgen sowie (für gewisse Staaten) die Einhaltung strikter Neutralität."[13]
Ein klarer Begriff und eine Theorie der Sicherheit existieren bislang nicht.[14] Laut Frei/Gaupp arbeiten die Autoren, die sich an dem Begriff Sicherheit pro-

bieren, mit unklaren Definitionen und Leerformeln. Zu diesen Leerformeln zählen sie auch den Begriff ,vitale Interessen', der in der französischen Doktrin einen zentralen Stellenwert hat, wie noch zu sehen sein wird.
Eine Theorie der Sicherheit sei nicht absehbar, so definieren Frei/Gaupp die Inhalte des Konzepts Sicherheit.
,Wert' und ,Zukunft' seien konstitutive Sinnelemente der Sicherheit, die einen Modalwert oder Instrumentalwert darstelle, im Unterschied zu den Grundwerten. Sicherheitspolitik müsse strategisch sein, das heißt, situationsbezogen und zielgerichtet. Es gebe drei systemische Ebenen der Sicherheitspolitik:
1. Die interne Sicherheit.
2. Die Beziehungssicherheit (Konflikt und Ungewißheit von Staat und Umwelt).
3. Die Umweltsicherheit (Konflikt und Ungewißheit in anderen Staaten).

Unsicherheit entstehe als Folge von Konflikt und Ungewißheit. Das Sicherheitsproblem wird so definiert: „Wie gelangt man vom Zustand der Unsicherheit in den Zustand der Sicherheit, und zwar möglichst geradlinig, ohne dem Irrtum der falschen Sicherheit oder der Obsession zu verfallen?"[15]
Konflikt und Unsicherheit entstünden als Folge von Wertknappheit oder Wertwidersprüchlichkeit bzw. unvollständiger Information oder mangelnder Handlungskoordination. Lösungswege seien Strategien zur Reduktion von Unsicherheit, die selbstbestimmt seien. Der Sicherheitsgrad eines Staates sei Ergebnis der Funktion strukturelle Unsicherheitsquellen + strategische Gegensteuerung. Es gebe zwei Wirkungsweisen: die Machtstrategie und die Vertrauensstrategien. Beide seien Idealtypen und erschienen nie in Reinform, Vertrauen und Macht verhielten sich komplementär zueinander.[16]
Der Inhalt des Begriffs Sicherheit hat in den letzten Jahrzehnten eine beträchtliche Entwicklung durchgemacht.[17] Bereits in den 30ern dieses Jahrhunderts entstand der Begriff der sozialen Sicherheit, der auch die wirtschaftliche Sicherheit enthält, denn „der Kern der sozialen Sicherheit ist die wirtschaftliche Sicherheit, das heißt eine Garantie ausreichender Kaufkraft, um angemessen leben zu können".[18]
Mit der industriellen Revolution war der Schutz außenwirtschaftlicher Interessen Bestandteil der Sicherheitspolitik geworden. In den 70ern wurde der Sicherheitsbegriff nahezu inflationär auf weite wirtschaftliche Bereiche ausgedehnt. Es ist von Öl-Waffe, Nahrungsmittelwaffe und Bedrohung der Rohstoffversorgung die Rede. Die Wirtschaft ist eines der zentralen Elemente der Sicherheit geworden. Die wirtschaftliche Bedrohung wird definiert als „Veränderung der außenwirtschaftlichen Parameter, die einen Zusammenbruch des sozialen und politischen Systems bewirkt".[19]
Seit den 60ern tauchen auch die Begriffe ,Entspannung', ,Gleichgewicht' und ,Rüstungskontrolle' im Zusammenhang mit Sicherheitspolitik auf, die militärische Bedeutung verliert an Gewicht. Die 1967 von der NATO in Form des Harmel-Berichts angenommene Zwei-Säulen-Theorie besagte: Verteidigung + Entspannung = Sicherheit. In der Bundesrepublik wurde in den 70ern die

Ostpolitik als Teil der Sicherheitspolitik gesehen, der Sicherheitsbegriff der sozialliberalen Koalition lautete nicht länger ‚mehr Waffen = mehr Sicherheit', sondern: ‚weniger Bedrohung + politische Arrangements + militärisches Gleichgewicht = Sicherheit' (d.h. Ost- u. Westpolitik, statt nur Westpolitik).[20] „Absolute Sicherheit im Sinne von Unverwundbarkeit", so Dieter Dettke,[21] sei eine Illusion, nur wenige Gesellschaften seien in der Lage, ihre Sicherheit autonom zu gewährleisten. Im militärischen Verhältnis USA - UdSSR sei Verwundbarkeit sogar ein stabilisierendes Element.

Während die Sicherheitspolitik in erster Linie eine Zieldiskussion darüber ist, wie von außen kommenden Gefahren, Existenzgefährdungen und Beherrschungsversuchen begegnet werden kann, geht es bei der Militärpolitik um die Mittel, Aufwendungen und Aktivitäten. Militärpolitik läßt sich nicht von Verteidigungspolitik abgrenzen, letztere ist „Vorbereitung einer Gesellschaft auf alle Eventualitäten äußerer Gefährdung", alle Maßnahmen im Zusammenhang mit Streitkräften, auch Rüstungspolitik und der Export von Rüstungsgütern zählen dazu. Verteidigungspolitik/Militärpolitik sind also eine abhängige Funktion der Sicherheitspolitik, denn theoretisch könnte es ein Staat als für seine Sicherheit angemessen halten, sich nicht mit militärischen Mitteln zu verteidigen. Der Abschluß von Bündnissen gegen potentielle Gegner hat, neben der Eindämmung der Gefahr, noch den Aspekt der Einbindung Dritter. Als Beispiel mag die Sicherheitspolitik Frankreichs anläßlich der Nachrüstung dienen: Indem Frankreich die Nachrüstung gegen die Gefahr durch die SS-20 unterstützte, um das Gleichgewicht wieder herzustellen, wurde unkonfrontativ das eigentliche Sicherheitsproblem, die unsichere Bundesrepublik, gelöst.

„Sicherheitspolitik würde all diese Aspekte einschließen und gleichzeitig auch Bereiche wie die Abrüstungspolitik umfassen, die der Begriff Militärpolitik oder Verteidigungspolitik nicht abdecken würde." Aus dem Verhältnis von Sicherheits- und Militärpolitik als Ziel-Mittel-Komplex ergeben sich Spannungen. So hat die Tatsache, daß im Nuklearzeitalter der Einsatz bestimmter Waffen die Zerstörung der zu schützenden Gesellschaft nach sich ziehen kann, zur Folge, daß „Sicherheitspolitik im Nuklearzeitalter theoretisch zu einem unlösbaren Problem wird". Eine Anmerkung von Wolf-Dieter Eberwein zu den Mittelstreckensystemen unterstreicht das noch: „Diese Waffensysteme haben die Paradoxie, Sicherheit militärisch-technologisch zu lösen, nur allzu deutlich gemacht: Höhere Sicherheit durch mehr Waffen auf beiden Seiten erhöht zugleich die wahrgenommene gegenseitige Unsicherheit, ob zu Recht oder zu Unrecht, spielt dabei keine Rolle."[22]

Obwohl der Begriff ‚politique de sécurité' in Fachzeitschriften wie ‚Politique Etrangère' Verwendung findet, wird man in französischen Lexika vergebens danach suchen. Fündig wird man unter ‚défense': „Gesamtheit der Maßnahmen aller Art (politisch, militärisch, wirtschaftlich), die ein Land trifft, um seine Unabhängigkeit zu garantieren und gegenüber jeglicher Art von Aggression die Integrität seines Territoriums sowie das Leben seiner Bevölkerung zu sichern."[23]

Die Sicherheitspolitik Frankreichs gegenüber der Bundesrepublik, die Kontrolle durch Einbindung, hat in den letzten 35 Jahren eine enge Partnerschaft, mit dem Elysée-Vertrag Freundschaft und Aussöhnung geschaffen. Es gibt oftmals Meinungsverschiedenheiten, doch sind auf wirtschaftlichem und politischem Gebiet starke Bindungen und Abhängigkeiten entstanden. Frankreich und die Bundesrepublik sind für einander die wichtigsten Handelspartner geworden. Frankreichs Export in die Bundesrepublik ist so stark wie der Gesamtexport in nichteuropäische Länder, der Umfang des Handels nahm von 3,3 Mrd. Franc 1955 auf 240 Mrd. 1983 zu.[24] Im ersten Halbjahr 1985 führte die Bundesrepublik für 33,4 Mrd. DM Waren nach Frankreich aus (Platz 1, vor den USA), die Importe aus Frankreich betrugen 25,1 Mrd. DM (Platz 2, hinter den Niederlanden).[25]

Die Abhängigkeit der beiden Länder voneinander wächst auch auf anderen Gebieten, in der Bundesrepublik wird die Glaubwürdigkeit der US-Nukleargarantie seit Anfang des Jahrzehnts mehr und mehr in Zweifel gezogen, was in Frankreich schon seit Ende der 50er der Fall war.[26]

Die strategische Verteidigungsinitiative der USA ist geeignet, diese Zweifel noch zu verstärken. Bei Verwirklichung des Raketenabwehrprogramms in der von Präsident Reagan angekündigten Form wäre Europa endgültig von der atomaren Garantie der USA abgekoppelt, Äußerungen aus der US-Administration unterstreichen das. Für die Westeuropäer stellt sich die Frage, wie darauf zu reagieren ist. Als Ausweg schwebt vielen eine engere verteidigungspolitische Zusammenarbeit von Frankreich und der Bundesrepublik vor, doch da gibt es etliche Probleme. Frankreich setzt bei seiner Verteidigung auf Atomwaffen, in der Bundesrepublik führt die Diskussion von Atomwaffen weg oder will zumindest die atomare Schwelle anheben. SPD und Parti Socialiste bildeten deshalb eine gemeinsame Strategiekommission. In der Bundesrepublik wird Frankreichs atomare Strategie vielfach als zu egoistisch bezeichnet, zudem explodierten französische taktische Atomwaffen im Ernstfall auf deutschem Boden.

Die Zusammenarbeit in der Technologie erscheint notwendig, um den vielbeschworenen Rückstand gegenüber den USA und Japan aufzuholen. Vor allem in den neuen Technologien, der Informatik, der Raumfahrt und bei Rüstungsprojekten kann kein Land Westeuropas noch allein auf eigene Kräfte setzen.

Politik, auch Sicherheitspolitik, wird jedoch nicht nur von rationalem Kalkül und politischem Handeln bestimmt. Das gilt besonders in bezug auf Frankreich und Deutschland. Die wechselvolle Geschichte der Beziehungen der beiden Länder[27] ist mit kriegerischen Auseinandersetzungen durchsetzt. Im 19. Jahrhundert und über die Hälfte dieses Jahrhunderts war das französische Deutschlandbild vom preussischen Militarismus geprägt. In den drei Kriegen seit 1870 wurde ein festes Feindbild aufgebaut, Klischees bestimmten die Wahrnehmung des jeweils anderen Landes. Mit Rapallo und München wurden für Frankreich Traumata geschaffen, die bis in die heutige Politik stark hineinwirken.[28] Solche Bilder, Vorurteile und Traumata lassen sich nicht in kurzer

Zeit überwinden, sie brechen in kritischen Lagen und bei Problemen immer wieder durch. So auch in jüngerer Zeit.
Die Ostpolitik der sozialliberalen Koalition wurde von Kanzler Brandt durch Gespräche im Westen abgesichert, was aber das Mißtrauen der Verbündeten, speziell Präsident Pompidous, nicht verhindern konnte. „Können Sie sich vorstellen, daß ich endgültig auf das Elsaß, die Vogesen, den Norden etc. verzichte?“ sagte er, was klar zeigt, wie wenig er die deutsche Politik verstehen konnte.[29] Zwar bestätigte das Viermächteabkommen über Berlin einmal mehr, daß Frankreich einer der vier Staaten ist, die gemeinsam über Deutschland wachen.[30] Aber die Ostpolitik rief das Rapallo-Trauma auf den Plan. „In dieser Hinsicht bildet Rapallo zweifelsohne eines der wichtigsten psychologischen Elemente des Dreiecks Frankreich-Deutschland-UdSSR, wobei Frankreich und Deutschland jeweils in gewisser Weise die Furcht vorgeben, der andere könne zu seiner traditionellen Politik einer Allianz mit Rußland zurückkehren.“[31] Deutschland/Preussen verbündete sich mit Rußland gegen Frankreich im Vertrag von Tauroggen 1812, Bismarck schloß 1887 ein Neutralitätsabkommen, der Vertrag von Rapallo mit der Sowjetunion 1922 wirkte besonders nach,[32] es folgte der Hitler-Stalin-Pakt von 1939. Präsident Pompidou hat anläßlich der Reise von Kanzler Brandt im September 1971 zu Breschnew auf die Krim angeblich für einen kurzen Moment einen Frontwechsel der Bundesrepublik nicht ausgeschlossen.[33]
Frankreich dagegen war mit Rußland im 1. Weltkrieg verbündet, 1944 schloß de Gaulle mit der Sowjetunion einen Freundschaftsvertrag, die Oder-Neisse-Grenze wurde von beiden Ländern als Garantie dafür gesehen, daß Deutschland und Polen Feinde blieben.[34] Bei de Gaulles Besuch in Moskau im Juni 1966, im Jahr des NATO-Austritts Frankreichs (März 1966), gab es deutsche Befürchtungen über eine sowjetisch-französische Verständigung auf Kosten der Bundesrepublik.[35] Bis heute gibt es Stimmen in Frankreich, die eine Verständigung mit der Sowjetunion fordern, um das deutsche Problem zu lösen.[36]
Mit dem Paar Giscard d'Estaing/ Schmidt schien die deutsch-französische Harmonie keine Grenzen mehr zu kennen, um dann plötzlich, mit der Diskussion um die NATO-Nachrüstung in der Bundesrepublik, mit Friedensbewegung und Grünen, einem breiten Mißtrauen Platz zu machen: Was war es noch wert, das sicherheitspolitische Glacis Bundesrepublik, Bedingung für Frankreichs Stellung in 2. Linie, eine Position, die es erstmals in seiner Geschichte einnimmt? War die Bundesrepublik dabei, in einen pazifistischen Neutralismus abzugleiten? Was bedeutet der ‚neue Nationalismus‘, führte die Ostpolitik die Bundesrepublik nicht letztlich doch ins gegnerische Lager, zumindest zu Wiedervereinigung und Neutralismus? Solche Fragen wurden jenseits des Rheins zuhauf gestellt, und da man das deutsche Zögern bei der Nachrüstung, die Friedens- und Ökologiebewegung nicht verstand, wurde auf alte Bilder und Erklärungsmuster zurückgegriffen: der deutsche Protestantismus, der alte ‚neue‘ Nationalismus, Orientierung nach Osten, Romantizismus.

Die deutsche Frage war wieder da. Doch sie hatte ihren Charakter grundlegend geändert. War es in der Geschichte immer der Militarismus, den Frankreich gefürchtet hatte, so war es nun der ‚Pazifismus', die Furcht, daß die Bundesrepublik „den Zauberkünsten der Sirenen des Neutralismus und des Pazifismus erliege und ein Europa aufgebe, das ohne sie keinen Sinn mehr hätte".[37]
An dieser Stelle soll diese Arbeit ansetzen. Die Frage ist, ob französische Sicherheitspolitik seit 1980 auf das Wanken des Pfeilers Bundesrepublik reagiert hat. Unter diesem Aspekt sind die politischen und verteidigungspolitischen Maßnahmen Frankreichs in den letzten fünf Jahren zu untersuchen.
Dazu ist es notwendig, zunächst kurz die Entwicklung des einen Feldes der Sicherheitspolitik, des Ost-West-Konflikts, zu untersuchen, unter dem Blickwinkel der Relevanz für Frankreich, das von den Veränderungen der Rahmenbedingungen nicht unberührt bleibt.
Danach soll, etwas ausführlicher, die Entwicklung in der Bundesrepublik, wie sie in Frankreich wahrgenommen wurde, dargestellt werden. Es geht also nicht darum, möglichst objektiv Nachrüstungsdebatte, neue Sicherheitsstrategien, Friedensbewegung und neue nationalistische Tendenzen zu analysieren. Denn die Art der Reaktion Frankreichs wird nicht nur durch objektive Sachverhalte, sondern auch durch die speziell französische Rezeption der Vorgänge in der Bundesrepublik bestimmt. Der Eindruck, die deutsche Frage könne wieder zum Problem werden, löst ein anderes Verhalten aus als die pure Nachrüstungsproblematik.
In einem dritten Schritt geht es um bundesdeutsche Erwartungen und Forderungen an Frankreich im Bereich militärische Zusammenarbeit, Abstimmung der Strategie und atomare Garantie. Mit dem Austritt Frankreichs aus der militärischen Integration der NATO 1966 und dem Aufbau einer eigenen Atomstreitmacht, der Force de Frappe, mit eigener Strategie, die von der NATO-Strategie abweicht, wurde ein weiteres Spannungsfeld zwischen der Bundesrepublik und Frankreich geschaffen. Es befinden sich französische Truppen in Stärke von rund 50 000 Mann auf bundesdeutschem Boden, deren Verhalten im Kriegsfall nicht eindeutig festgelegt ist (siehe dazu Punkt 5.). Die Äußerungen bundesdeutscher Politiker zu diesem Problemfeld sind richtungsweisend und werden in Frankreich aufmerksam registriert.
Anschließend gilt es, die Politik Frankreichs unter dem Gesichtspunkt zu betrachten, ob in ihr Anhaltspunkte für ein Reagieren auf die wachsende Unsicherheit des ‚glacis' Bundesrepublik zu finden sind. Dieser Teil wird durch die Zäsur des Wechsels im Präsidentenamt im Mai 1981 untergliedert. Gegenstand der Untersuchung ist die Politik gegenüber der DDR und der Bundesrepublik, wobei letzteres in mehreren Abschnitten zu analysieren ist. Da die Einbindungspolitik Frankreichs gegenüber der Bundesrepublik in multilateralem und in bilateralem Rahmen erfolgt, schlägt sich das auch hier nieder: Zunächst wird die französische Politik in der Europäischen Gemeinschaft und in der Westeuropäischen Union, dann im Rahmen des deutsch-französischen Freundschaftsvertrags und bilateraler Verhandlungen betrachtet.

Den Hauptteil bildet die Verteidigungspolitik im engeren Sinne. Der zugrundeliegenden Fragestellung soll auf zwei Ebenen gefolgt werden.
Zum einen, als Bestandsaufnahme, die regierungsoffizielle Politik, das heißt die französische Strategie und ihre Entwicklung. Eng damit verknüpft ist die Rüstungspolitik, die deshalb besonderen Stellenwert hat, weil für Frankreich Rüstungsexport und -kooperation, speziell mit der Bundesrepublik, das Verhalten zu Eureka und SDI, die Durchführung gemeinsamer militärischer Weltraumprogramme, eine große Bedeutung haben. Es wird mit zunehmender Technologisierung immer schwieriger, militärische und zivile Projekte auseinanderzuhalten, ein schneller Computer ist sowohl in Wirtschaft und Wissenschaft verwendbar, als auch im militärischen Bereich, bei Zielauffassung und Feuerleitung unter Echtzeitübertragung beispielsweise. Das gilt auch für die Bereiche, in denen das von Frankreich angeregte Eureka-Projekt forschen soll.
Der andere Bereich ist das Umfeld der sicherheitspolitischen Diskussion in Frankreich. Hier sollen die Gegenstände der Debatte und die potentiellen Möglichkeiten französischer Sicherheitspolitik mit und gegenüber der Bundesrepublik aufgezeigt werden. Dazu zählt die Haltung der großen Parteien wie die Diskussion in der ‚politischen Klasse', unter Experten und Verteidigungspolitikern.
Aufsehen erregten Papiere der sozialistischen Partei (PS), der Zentrumsparteien (UDF) und der Gaullisten (RPR), von Mai bis Juli 1985 erschienen, in denen es um militärische Kooperation und Ausdehnung der französischen Atomgarantie auf die Bundesrepublik ging.

Anmerkungen

1 siehe dazu: Mutz, Reinhard: Das Sicherheitsproblem der Bundesrepublik und die Bundesrepublik als Sicherheitsproblem, in: Eberwein, Wolf-Dieter/Kelleher, Catherine: Sicherheit – zu welchem Preis? Die Zukunft der westlichen Allianz, München/Wien 1983, S. 75 – 102; Statz, Albert: Die westdeutsch-französische Kooperation – eine realistische Achse der Westeuropäisierung? in: Die Grünen: Euromilitarismus, Köln/Bonn 1985, S. 40 - 52;
2 Fritsch-Bournazel, Renata, u. Brigot, André, Clos, Jim: Les Allemands au coeur de l'Europe, Paris 1983, S. 12;
3 Frisch, Alfred: Deutsch-französische Verteidigung? Gemeinsame Überlegungen zu Fragen der Sicherheit, in: Dokumente 3/1982, S. 204;
4 Schmidt, Helmut: Une stratégie pour l'Alliance, in: Politique Etrangère 2/1983, S. 291;
5 Fontaine, André: Un coup de jeune pour l'Europe, in: Le Monde, 30.5.1984;
6 Fontaine, André: Il n'est pas de partage èternel. Yalta, de l'echec au mythe, in: Le Monde, 5.2.1985;
7 Fontaine, André: Un seul lit pour deux rêves. Histoire de la détente 1962 - 1981, Paris 1981, S. 67;
8 Fontaine, ebenda, S. 247 ff;
9 Fontaine, André: Les politiques extérieures européens dans la crise, Paris 1976, S. 30;

10 Fontaine, André: Une autre crainte. La France, l'URSS et l'Allemagne, in: Le Monde, 27.6.1984;
11 siehe dazu: Rühl, Lothar: La politique militaire de la Ve République, Paris 1976, S. 122;
12 Grosser, Alfred: La politique extérieure de la Ve République, Paris 1965, S. 122;
13 Meyers Enzyklopädisches Lexikon, Mannheim/Wien 1977, S. 647 f;
14 Frei, Daniel/Gaupp, Peter: Das Konzept „Sicherheit" – Theoretische Aspekte, in: Schwarz, Klaus-Dieter: Analysen zur politischen und militärischen Sicherheit, Bad Honnef – Erpel 1976, S. 3 - 16;
15 ebenda, S. 10;
16 ebenda, S. 4 ff;
17 Krell, Gert: Die Entwicklung des Sicherheitsbegriffs, in: Beiträge zur Konfliktforschung, 3/1980, S. 33 - 57;
18 ebenda, S. 37 ff;
19 ebenda, S. 43 ff;
20 Mutz, a.a.O., S. 82;
21 in: Woyke, Wichard: Handwörterbuch Internationale Politik, Opladen 1977, S. 213 ff;
22 Eberwein, Wolf-Dieter, in: Eberwein/Kelleher, a.a.O., S. 13;
23 La Grande Encyclopédie Larousse, Paris, 1977, S. 3703;
24 Wodetzki, René: Nähert sich der Warenaustausch dem Ausgleich? Eine Bestandsaufnahme der deutsch-französischen Handelsbeziehungen, in: Dokumente 3/1984, S. 249;
25 Frankfurter Allgemeine Zeitung (FAZ), 27.9.1985;
26 Grosser, 1965, a.a.O., S. 18; Lellouche, Pierre: L 'avenir de la guerre, Paris 1985, S. 47;
27 Werner, Karl-Ferdinand: France – Allemagne – Dix siècles d'histoire, S. 25 - 46, und: Poidevin, Raymon: Les tentatives de rapprochement entre la France et l'Allemagne de 1879 à 1939, S. 46 - 57, beide in: Manfrass, Klaus: Paris/Bonn. Eine dauerhafte Bindung schwieriger Partner, Sigmaringen 1984;
28 Hesse, Reinhard: Les traumatismes politiques dans les relations franco-allemandes, in: Allemagnes d'aujourd'hui 3/1984, S. 42 - 54;
29 Fontaine, 1981, a.a.O., S. 247 ff;
30 Grosser, Alfred: Affaires Extérieures, Paris 1984, S. 242 ff;
31 Fritsch-Bournazel, Renata: La France et l'Ostpolitik: Etapes et interrogations, in: Manfrass, a.a.O., S. 260;
32 Fritsch-Bournazel, Renata: Rapallo et son image en France, in: documents 2/1982, S. 3 - 12;
33 Weisenfeld, Ernst: Frankreich und die deutsche Ostpolitik, in: Manfrass, a.a.O., S. 252;
34 Grosser, 1984, a.a.O., S. 27;
35 Fontaine, 1981, a.a.O. S. 244; Rühl, a.a.O., S. 137;
36 Lellouche, 1985, a.a.O., S. 264; Anm. 10;
37 Fontaine, Le Monde, 27.6.1984;
38 Fontaine, Le Monde, 27.6.1984;

1. Internationale Rahmenbedingungen

Um das Jahr 1980 vollzogen sich einige politische Entwicklungen und gab es Ereignisse, die einen großen Einfluß auf den Fortgang der Ost-West-Beziehungen hatten. Wie eingangs erläutert, ist der Ost-West-Konflikt von entscheidender Bedeutung für die Sicherheitspolitik Frankreichs. Es ist von Veränderungen in diesem Rahmen direkt und indirekt betroffen. Deshalb werden die wichtigsten Ereignisse und Entwicklungen kurz dargestellt.

1.1. Iran – die Demütigung der USA

Am 16. Januar 1979 hatte der Schah den Iran verlassen, die bis dahin wichtigste Stütze der USA im Mittleren Osten war gefallen. Doch wichtiger als diese Tatsache wurde die Geißelnahme des Personals der US-Botschaft in Teheran durch ‚Studenten', wie es hieß. Diese Affäre sollte zu einem grundlegenden Meinungsumschwung in den USA beitragen, sie dauerte über ein Jahr, wurde erst am 20. Januar 1981 beendet. In den USA wurde dies und das Scheitern eines militärischen Befreiungsversuchs als tiefe Demütigung empfunden. Hatten 1976 noch 22% der US-Bürger die Verteidigungsausgaben des Landes als zu niedrig bezeichnet, so waren es 1980 bereits 49%.[1] Dies war eine der Voraussetzungen für die Wahl Reagans zum Präsidenten am 4.11.1980, der ein Programm der ‚Wiederbewaffnung' angekündigt hatte. Die USA sollten nie mehr wieder solche Momente wie die Geißelnahme erleben müssen, man wollte sich nicht mehr ‚herumschubsen lassen'.
Mit dem Angriff des Irak auf den Iran am 22.9.1980 begann der Golf-Krieg. Ein Krieg in dieser Region birgt immer die Gefahr der Ausweitung, mit einer direkten Konfrontation Sowjetunion – USA im Extremfall. Doch haben beide bisher Vorsicht walten lassen. Frankreich, das bis dahin auch den Iran unterstützt hatte, schlug sich bald auf die Seite des Irak und wurde dessen wichtigster Waffenlieferant.[2]

1.2. Afghanistan – das Ende der Entspannung

Am 24. Dezember 1979 marschierten sowjetische Truppen in Afghanistan ein, um das dortige kommunistische Regime zu stützen, das auf immer wackligeren Beinen stand. Ein Teil der Reaktion der USA bestand in der Verhängung eines Getreideembargos gegen die Sowjetunion und dem Boykott der Olympischen Spiele 1980 in Moskau.

Afghanistan markierte für die USA das Ende der Entspannung, dieses „ersatz de paix"[3], die von 1962 an die Politik gegenüber der Sowjetunion bestimmt hatte. Die USA hatten nie im selben Maß wie die Europäer vom Osthandel profitiert, zudem hatte sich die Sowjetunion nicht an das ihr auferlegte Gebot des Wohlverhaltens in der Dritten Welt gehalten, in den 70ern waren Angola, Äthiopien, Kambodscha, Laos, Mozambik, Südvietnam in das sozialistische Lager gewechselt, zumindest in den Augen der USA, und ohne genaues Ansehen der Umstände dieser Wechsel, wobei die USA oftmals nicht ganz unbeteiligt waren. Im Juli 1979 fiel das Regime Somoza in Nicaragua, von Präsident Carter nicht sonderlich stark unterstützt, – und nun Afghanistan. Die Sowjetunion war bis auf 500 Kilometer an das Öl des Golfs herangerückt, so die westliche Wahrnehmung, die adäquate Antwort war die Verstärkung der Rapid Deployment Force, die bereits seit 1977 existierte, und die Erklärung des persischen Golfs zum ‚Gebiet von lebenswichtigem Interesse für die USA' im Januar 1980.[4]
Präsident Giscard d'Estaing und Kanzler Schmidt suchten zwar von der Entspannung noch zu retten, was zu retten war, doch war ihnen wenig Erfolg beschieden. In einem gemeinsamen Kommuniqué anläßlich turnusmäßiger deutsch-französischer Konsultationen im Februar 1980 erklärten sie, daß „die Entspannung einen neuen Schlag gleicher Art nicht aushalten werde".[5] Giscard traf im Mai 1980 in Polen Breschnew, eine Reise, die ihm viel Kritik einbrachte, aber außer unverbindlichen Absichtserklärungen in Hinsicht auf Afghanistan nichts bewirkte.[6]
Die Ereignisse in Polen versetzten der verbliebenen Hoffnung auf Fortsetzung der Entspannung den letzten Stoß. Die Zulassung der unabhängigen Gewerkschaft ‚Solidarnosc' durch die polnische Regierung im August 1980 und weitere Zugeständnisse, durch Streiks erzwungen, ließen die Drohung eines sowjetischen Einmarsches in Polen aufkommen. Laut dem britischen Militärexperten Cockburn hatte das sowjetische Militär die Intervention bereits durchgesetzt, war dann aber nicht in der Lage, sie durchzuführen, weil die dazu einberufenen Soldaten in Massen desertierten.[7] Was dem sowjetischen Militär nicht gelang, erledigte dann das polnische. Es übernahm am 13.12.1981 in Polen die Macht und verbot ‚Solidarnosc', viele ihrer Mitglieder wurden verhaftet. Über die Reaktion auf diesen Staatsstreich kam es überdies zwischen Frankreich und der Bundesrepublik zu größeren Meinungsverschiedenheiten. Die Regierung Schmidt reagierte eher zurückhaltend, aus Frankreich kam der Vorwurf, die Deutschen machten die unglücklichen Polen für ihr trauriges Schicksal mitverantwortlich, weil es Stimmen in der Bundesrepublik gab, die Polen seien mit ihren Forderungen zu weit gegangen. In Frankreich zweifelte man am deutschen Freiheitswillen.[8]
Rückblickend läßt sich sagen, der eigentliche Endpunkt der Entspannung zwischen den Supermächten waren die Ereignisse in Afghanistan, die Fontaine 1981 noch als Wendepunkt sah, der die schläfrige amerikanische Öffentlichkeit aufgeweckt und zur Wahl Reagans geführt habe.[9] Anläßlich des NATO-

Gipfels von 1982 in Bonn wollten die USA ein Programmdokument beschließen lassen, das den Abschied von der Entspannung auch offiziell besiegeln sollte, was am Widerstand der Europäer scheiterte.[10]

1.3. NATO-Krise und Nachrüstung

Für den bereits erwähnten Lellouche, IFRI-Verantwortlicher für das Forschungsprogramm zur europäischen Sicherheit, hat die NATO seit Mitte der 70er Jahre keine glaubwürdige Strategie mehr. Mit den zielgenauen und mit MIRV-Sprengköpfen (MIRV bedeutet mehrere Sprengköpfe, die von einem ‚Bus' über verschiedenen Zielen ausgestoßen werden) bestückten Raketen der Serie SS-16 - 19 habe die UdSSR die Erstschlagsfähigkeit gegenüber den USA erlangt, während die USA bis 1978/79 nur die Beschaffung eines einzigen entsprechenden Waffensystems, der Trident II, beschlossen hätten. Mit der SS-20 habe die Sowjetunion eine überlegene Erstschlagswaffe eingeführt, die alle westlichen taktischen und eurostrategischen Atomwaffen bedrohe.[11] Präsident Mitterrand spricht der SS-20 gar die Fähigkeit zu, Westeuropa komplett zu entwaffnen, ohne einen einzigen US-Soldaten zu töten, weshalb sie eine Entkopplungswaffe sei.[12]
Auf konventionellem Gebiet habe die Sowjetunion ein steigendes Übergewicht. Das wird von den westlichen Staaten seit dem Ende des 2. Weltkriegs unterstellt und hat sich nach NATO- Analysen, die vorwiegend auf US-Angaben beruhen, noch verstärkt.
An dieser Stelle erscheint es angebracht, einige Bemerkungen zu den häufig angestellten Kräftevergleichen zu machen.
Von den SS-16 - 19 mit angeblicher Erstschlagskapazität bleiben bei genauerem Hinsehen nur SS-17 und 18 übrig. Die SS-16 wurde laut den SALT-II-Verträgen (die zwar nicht ratifiziert wurden, aber USA und UdSSR versprachen, sich an deren Bestimmungen halten zu wollen) abgebaut und, um eine Antriebsstufe verringert, zur SS-20 modifiziert.[13] Zur SS-19 erschien in der Frankfurter Rundschau eine kurze Notiz, der US-Geheimdienst CIA habe seine Angaben zu dieser Rakete korrigiert, man habe ihre Zielgenauigkeit überschätzt.[14]
Zur Wunderrakete SS-20 liegen sehr unterschiedliche Angaben vor. Ihre Zielgenauigkeit schwankt danach zwischen 50 m[15] und 400 m[16], die Reichweite zwischen 3 500 km[17] und 5 000 km[18]. Auch der behauptete Feststoffantrieb ist nicht gesichert, die Frankfurter Allgemeine schrieb im Juni 1980, die SS-20 sei die zweistufige Version der mit Flüssigtreibstoff betriebenen SS-16, Reichweite und Zielgenauigkeit würden überschätzt.[19] Während die Zahl der Sprengköpfe der SS-20 fast unisono mit drei angegeben wird, behauptet das angesehene Friedensforschungsinstitut SIPRI, sie sei wahlweise mit 1 oder 3 Sprengköpfen zu bestücken.[20] Laut Spiegel gibt es (zumindest bis 1984) kein

Foto von der SS-20.[21] Einigkeit herrscht nur über ihre Mobilität.
Beim Vergleich von Rüstungsausgaben und konventionellen Waffensystemen stellt sich eine ganze Reihe von Problemen: Rüstungsausgaben in Ost und West lassen sich nicht so einfach vergleichen, denn die Vergleiche werden auf der Basis des Bruttosozialprodukts durchgeführt, in der Sowjetunion existiert aber eine solche volkswirtschaftliche Kategorie gar nicht, sie wird von den US-Geheimdiensten CIA und DIA errechnet, wobei die Methoden vielfach angezweifelt werden.[22]
Bei den Zahlen von Panzern etc. werden oft die Qualitätsunterschiede nicht berücksichtigt, die Definitionsräume für die Angaben zu Panzern und Mannschaften stimmen oft nicht überein, etc. So kommen etliche Autoren zu dem Ergebnis, daß der Westen auch konventionell allenfalls leicht unterlegen ist.[23] Auch Helmut Schmidt, in Frankreich in jüngerer Zeit sehr geschätzt, hält den Westen nicht für konventionell unterlegen.[24]
Es ist angebracht, jeglicher Art von Kräftevergleichen mit einer gesunden Portion Skepsis zu begegnen, denn die damit verbundenen Probleme sind so groß, daß ihre Aussagekraft sehr begrenzt ist.
Zurück zur NATO-Krise. Was trotz der Kritik an Lellouches Angaben festzuhalten bleibt, ist die strategische Parität zwischen den USA und der Sowjetunion, die in den 70ern erreicht wurde. Die USA haben ihre Interkontinentalraketen vor der Sowjetunion mit miniaturisierten MIRV-Sprengköpfen ausgestattet, ihre Treffgenauigkeit verbessert (ab 1970, die Sowjetunion ab 1973/75[25]). Das erlaubte es den USA, mit Schlesinger-Doktrin und Presidential Directive 59, August 1980, ihre Zielplanung von Städten auf militärische Ziele umzustellen (von counter value zu counter force Strategie), die sogenannte chirurgische Schläge, ohne große Schäden an Städten und Industrie, ermöglichen soll.[26] McNamara hatte, als Verteidigungsminister, eine solche Strategie bereits 1962 skizziert.[27]
Auf beiden Seiten sind die Silos der Interkontinentalraketen verwundbar geworden, die Zweitschlagfähigkeit ist auf die seegestützten Interkontinentalraketen übergegangen, denn die Ortung von U-Booten ist, trotz Fortschritten, nach wie vor schwierig.[28] Mit der Erstschlagsfähigkeit wächst aber auch die Instabilität, wie überhaupt durch die schnelle technische Entwicklung Arms-control-Vereinbarungen (wie SALT I, II) ausgehöhlt und ihrer ursprünglichen Bedeutung beraubt werden.[29]
Das Patt auf strategischem Gebiet zwischen USA und UdSSR ließ in westlichen Kreisen die Abkopplungsthese aufkommen. Würden die USA in einem militärischen Konflikt in Europa, im Falle der konventionellen Niederlage der NATO oder nach einem entwaffnenden Erstschlag der Sowjetunion mit der SS-20, ihre strategischen Atomwaffen zum Schutz Europas einsetzen, wohl wissend, daß dies gleichbedeutend mit dem eigenen Untergang wäre? Das erschien immer mehr Analytikern unwahrscheinlich.
Bundeskanzler Schmidt wies im Oktober 1977 auf das durch die SS-20 geschaffene Ungleichgewicht im Bereich der taktischen Atomwaffen in Europa hin,[30]

aus der sich entwickelnden Debatte entstand der NATO-Doppelbeschluß vom 12.12.1979, mit der Sowjetunion über eine Reduzierung der taktischen Atomwaffen zu verhandeln und beim Scheitern der Gespräche 108 Pershing II und 464 Cruise Missiles in Europa zu stationieren.

Mit Pershing II und Cruise Missiles dachte man, die USA wieder ankoppeln zu können. Laut Egon Bahr ist die Pershing II einerseits eine Ankopplungswaffe, denn sie kann das Territorium der Sowjetunion erreichen und „einen interessanten Prozentsatz der interkontinentalen sowjetischen Raketensilos" zerstören (nicht aber die mobile SS-20), die Pershing II sei also eine nichtstrategische Waffe mit strategischer Wirkung, auf deren Einsatz hin die Sowjetunion auf die strategische Ebene eskalieren müsse.

Andererseits sei sie eine Abkopplungswaffe, denn die Existenz der Pershing II lege der Sowjetunion einen vorbeugenden Schlag mit den SS-22 (Flugzeit drei Minuten) gegen die Pershing II nahe, was auch McNamara glaube.[31] So liegt denn der Schluß nahe, daß es bei der Nachrüstung weniger um militärische Lösungen als um die politische Durchsetzungsfähigkeit von NATO-Beschlüssen und den Zusammenhalt USA-Europa ging.[32]

Die Krise der NATO, im Zusammenhang mit Abkopplung und Nachrüstung, trat Ende 1979 deutlich zu Tage. Am 1. September sagte Henry Kissinger auf einer Tagung des Atlantic Institute in Brüssel, die Europäer müßten aufhören, von den USA Garantien zu verlangen, die diese nicht mehr geben könnten. 1962 hatte Verteidigungsminister McNamara diese Garantie ausdrücklich gegeben.[33] Frankreich sah seine seit de Gaulle bestehenden Zweifel an der US-Garantie bestätigt, Ex-Außenminister Jobert schrieb in der New York Times „Thank you Dr. Kissinger".[34]

Auch der No-first-use-Vorschlag von McNamara et alii[35] wurde in Frankreich als Zeichen des Endes der US-Nukleargarantie interpretiert.[36] Dazu kam das Gerangel um die Stationierung der Neutronenwaffe in Europa, das mit der Entscheidung Carters endete, diese Waffe nicht nach Europa zu bringen.[37] Kanzler Schmidt hatte sich für die Neutronenwaffe gegen Widerstände in seiner Partei stark gemacht und war nun verärgert, die Nichtstationierung gab der Friedensbewegung Aufschwung.[38]

Auch in den USA wuchs der Widerstand gegen Atomwaffen, die Freeze-Bewegung entstand. Die Ablehnung der atomaren Abschreckung in der Bevölkerung führte bei den Strategiedenkern zu Überlegungen, wie die soziale Akzeptanz der Strategie wiederhergestellt werden konnte, diesem Faktor maß man mehr und mehr Bedeutung bei. Es begann eine allmähliche Abwendung von der atomaren Abschreckung, ihre moralische Rechtfertigung wurde bezweifelt.[39] Die traditionellen strategischen ‚think tanks', im liberalen Osten gelegen (Harvard, MIT, Columbia University), verloren an Bedeutung, die ‚Trilateral Commission' um Brzezinski verlor stark an Einfluß.[40] Neue Strategiedenker, wie Garthoff, Gray, Iklé oder Nitze, gewannen an Bedeutung. Die Abschreckung, von breiten Bevölkerungskreisen abgelehnt, war z.B. für Howard nicht mehr durchsetzungsfähig,[41] eine Entwicklung, die auf geradem Weg

zum SDI-Projekt führt, mit dem ja Atomwaffen abgewehrt werden sollen, die Menschheit von dem Schrecken dieser Waffen befreit werden soll, wie Präsident Reagan das forderte.[42]
Die Krise der Abschreckung ist nur ein Teil der NATO-Krise, deren weitere Gründe der wirtschaftliche Aufstieg Europas gegenüber den USA bei andauernder Wirtschaftskrise letzterer, politischem Machtverlust der USA, gegenüber Europa und der Sowjetunion, und die Führungskrise unter Carter waren.[43]
Frankreich, wenngleich seit 1966 nicht mehr in der militärischen Integration der NATO, blieb von diesen Vorgängen nicht unberührt. Beruhte doch eben jener Austritt aus der NATO- Integration und die Sicherheitspolitik de Gaulles auf der militärischen Überlegenheit der USA über die Sowjetunion, der Einschätzung, von der Sowjetunion ginge keine Kriegsgefahr aus, sie habe sich gemäßigt, und der Auffassung von der Stabilität der NATO sowie der Bundesrepublik.[44] Die andere Bedingung war, daß kein anderer Staat dem französischen Beispiel folgte. „Wenn andere Länder unserem Beispiel gefolgt wären, hätte das Risiko des Zusammenbruchs des Bündnisses bestanden. Glücklicherweise taten sie es nicht. Sie sind eben nicht Frankreich."[45]
Mit der Abkopplung der USA, die nun auch in der Bundesrepublik als solche wahrgenommen wurde, änderten sich die Bedingungen, man verdächtigte die USA, einen auf Europa begrenzten Krieg vorzubereiten. „Deutschland, um die Vorstellung, wenn nicht gar die Wirklichkeit, des amerikanischen Schutzes beraubt, hörte auf, gesichert und damit stabil zu sein – und mit ihm das nichtatomare Europa. Und dabei verlor Frankreich sein berühmtes ‚glacis' und damit die fundamentale Bedingung seiner hexagonalen Autonomie im Bereich der Sicherheit. Schlimmer noch, weil seine atomaren Streitkräfte national und unabhängig sind, weil die Geographie es zur rückwärtigen Basis macht, unverzichtbar für jede Schlacht in Europa, sah Frankreich seit fünf Jahren die Hoffnungen, aber auch die Erwartungen seiner europäischen Verbündeten an sich herangetragen."[46] Frankreich war damit für Lellouche aus seiner bequemen Position in der 2. Linie der Allianz in die 1. Linie gerückt.
Dazu sah sich Frankreich beunruhigenden politischen Entwicklungen in den NATO-Staaten, und besonders in der Bundesrepublik, gegenüber. Zunehmende Angst vor einem Atomkrieg, Pazifismus, Lähmung der Regierungen in der Nachrüstung, immer stärkere Querelen zwischen den beiden Ufern des Atlantik über Atomwaffen, Afghanistan und Aufrechterhaltung der Entspannung mit der Sowjetunion.

Anmerkungen

1 SIPRI Yearbook 1982, London 1982, S. 104;
2 z.B. Le Monde, 26.9.1985;
3 Fontaine, 1981, a.a.O., S. 514;

4 Bauer, Harald: Neuere Entwicklungen der Formen von Militärhilfe am Beispiel der USA, unveröffentlichte Diplomarbeit, 1983, S. 52;
5 Europa-Archiv, Folge 7/1980, S. D-166;
6 Le Monde, 28.6.1980;
7 Cockburn, Andrew: Die sowjetische Herausforderung – Macht und Ohnmacht eines militärischen Giganten, Bern/München/Wien 1983, S. 92 f;
8 siehe dazu u.a.: Lellouche, 1985, a.a.O., S. 94; le Gloannec, Anne-Marie: Les réactions allemandes à la crise polonaise, in: documents 1/1982, S. 3 - 13;
9 Fontaine, 1981, a.a.O., S. 509 ff;
10 Mutz, a.a.O., S. 92;
11 Lellouche, Pierre: La sécurité de l'Europe dans les années 80, IFRI-Forschungsbericht, Paris 1980, S. 30, und Lellouche, 1985, a.a.O., S. 68;
12 Mitterrand, François: Politique II, 1977 - 1981, Paris 1981, S. 112;
13 Lutz , Dieter S.: Weltkrieg wider Willen? Reinbek 1981, S. 108;
14 Frankfurter Rundschau, 20.7.1985;
15 Mitterrand, 1981, a.a.O., S. 251;
16 SIPRI 1982, a.a.O., S. 11;
17 Fontaine, André: La Dissuasion en question, in: Le Monde, 5.9.1979;
18 SIPRI 1982, a.a.O., S. 11
19 Lutz, a.a.O., S. 108;
20 SIPRI 1982, a.a.O., S. 11;
21 Der Spiegel, 9.7.1984, S. 80;
22 Pfeiler, Wolfgang: Konturen sowjetischer Rüstungspolitik, in: aus politik und zeitgeschichte, Beilage zur Wochenzeitung Das Parlament (in der Folge als: apuzg), 2.6.1984, S. 15 - 26; Bauer, Harald: Daten zur WVO: Wie damit umgehen? in: antimilitarismusinformation (ami) 12/84, S. Y-111 - 119;
23 Bülow, Andreas von: Alpträume West gegen Alpträume Ost. Ein Beitrag zur Bedrohungsanalyse, Bonn 1984; Krause, Christian: Plus/Minus dreiunddreißig Divisionen – stimmt der militärische Kräftevergleich? in: Die Neue Gesellschaft 11/1982, S. 1076 - 1081;
24 Schmidt, Helmut: Une stratégie pour l'Alliance, in: Politique Etrangère, S. 294;
25 Lutz, a.a.O., S. 31;
26 Fontaine, 1981, a.a.O., S. 374; Daten und Fakten, ami 9/85, S. I 114;
27 Rühl, a.a.O., S. 171;
28 Lutz, a.a.O., S. 22 f;
29 ebenda, S. 27;
30 ebenda, S. 46; Lellouche, 1985, a.a.O., S. 74 f;
31 Bahr, Egon: Atomare Klassenunterschiede, in: Bourdet, Claude/ Mechtersheimer, Alfred: Europäisierung Europas, Berlin 1984, S. 38 - 43;
32 siehe dazu: Lellouche, 1985, a.a.O., S. 75; Lutz, a.a.O., S. 42 - 57;
33 Rühl, a.a.O., S. 100;
34 Lellouche, 1985, a.a.O., S. 47 f;
35 Bauer, Harald: Das „No-first-use" Konzept, in: ami 7/83, S. Y-94 - 98;
36 Lellouche, 1985, a.a.O., S. 82 ff;
37 Fontaine, 1981, a.a.O., S. 379 f;
38 Lellouche, 1985, a.a.O., S. 77;
39 z.B. der spätere Staatssekretär im US-Verteidigungsministerium, Iklé: NATO's „first nuclear use": A deepening trap? in: Strategic Review, winter 1980, S. 18 - 23;
40 Fontaine, 1981, a.a.O., S. 378;
41 Lellouche, 1980, a.a.O., S. 32;
42 siehe dazu: Lellouche, 1985, a.a.O., S. 214 - 253;
43 siehe dazu: Kaiser, Karl/Lord, Winston/de Montbrial, Thierry/Watt, David: Die Sicherheit des Westens, neue Dimensionen und Aufgaben, Bonn 1981, S. 2 - 15;
44 Lellouche, 1985, a.a.O., S. 40; Rühl, a.a.O., S. 210;
45 Grosser, 1984, a.a.O., S. 318;
46 Lellouche, 1985, a.a.O., S. 48 f;

2. Die deutsche Frage kehrt zurück. Die Bundesrepublik in der französischen Wahrnehmung

Am beunruhigendsten, aus französischer Sicht, war das, was sich in der Bundesrepublik abspielte. Der Widerstand gegen die Nachrüstung, die zunehmende Ablehnung von Atomwaffen, Infragestellung der Abschreckung mit Atomwaffen, der neue Nationalismus. Friedens- und Ökologiebewegung, Grüne sind auch in den Augen von Forschern des IFRI „alternative Strömungen ... mit halb romantischen, halb moralisierenden Themen“,[1] die deutschen Themen wurden in Frankreich nicht verstanden, aus verschiedenen Gründen. Ökologie spielt bislang keine große Rolle, Wirtschaftswachstum ist immer noch allgemein anerkanntes Ziel. In Frankreich ist die Identifizierung mit der Nation kein Problem, es gab keinen Hitler-Faschismus und Bruch mit der Geschichte, wie in Deutschland.[2] Deutscher Nationalismus dagegen weckt in Frankreich unangenehme Erinnerungen und die Befürchtung eines neuen ,Aufbruchs nach Osten'. Pazifismus, für Lothar Baier eine „manipulative Übersetzung“,[3] ist in Frankreich stark negativ besetzt. Er wird identifiziert mit dem Pazifismus der 30er Jahre, mit Apeacement, dem Münchner Abkommen, der Niederlage von 1940 und Kollaboration (einige Pazifisten der 30er haben während der Besatzungszeit tatsächlich kollaboriert).

In Frankreich hatte der Pazifismus nach dem 2. Weltkrieg dann auch keine Chance mehr, hinzu kam die enge Verbindung des ,mouvement de paix‘ zur kommunistischen Partei. Allein eine neutralistische Bewegung um Hubert Beuve-Méry und Le Monde spielte eine gewisse Rolle.[4]

Weil Pazifismus mit Feigheit und Kollaboration konnotiert wird, werden Friedensdemonstranten schnell zu Kapitulanten vor sowjetischer Erpressung, ist die Rede von Finnlandisierung und Neutralismus der Bundesrepublik.

Wirtschaftskrise und Krise der traditionellen Werte, Ablehnung des ,Nazi-Großvaters‘ und des ,Kapitalisten-Vaters‘ durch die Jugend, Krise des Vaterlands führen zur Suche nach Identität, zu neuem Nationalismus.[5]

Alfred Grosser, der ,médiateur‘ zwischen Deutschland und Frankreich, schätzt das so ein: „Die Idee eines deutschen nationalen Neutralismus ist so befriedigend, ja zweifach befriedigend für die französische Vorstellungswelt. Einerseits aus der langen intellektuellen Tradition, Deutschland mit seinem nicht-westlichen Charakter, seinem Spezifikum als Land in der Mitte mit unsicheren Verankerungen zu erklären. Andererseits aus der Überzeugung, die Nation und ihre Einheit bildeten den höchsten politischen Wert, so daß es unmöglich sei, daß jeder Deutsche nicht pausenlos an die Wiedervereinigung denke, vor allem die Wiedervereinigung wolle“.[6]

Die Reaktionen auf die Friedensbewegung setzen in Frankreich mit dem Kirchentag der evangelischen Kirche in Hamburg, Juni 1981, und der ersten großen Demonstration in Bonn im Herbst des Jahres ein. Auf einzelne Beiträge folgte eine breitere publizistische Bearbeitung des Sujets. 1983 ergoß sich eine wahre Flut von Büchern auf den Markt. Das IFRI (Institut Français des Relations Internationales, vergleichbar der Deutschen Gesellschaft für auswärtige Politik) veröffentlichte ‚Pacifisme et dissuasion', unter Leitung von Pierre Lellouche; in der Reihe ‚Les sept épées' der Fondation pour les Etudes de Défense Nationale erschienen ‚Les Allemands au coeur de l'Europe' (Fritsch-Bournazel u.a.) und ‚La Bataille des euromossiles', von Michel Tatu. Joseph Rovan, neben Grosser der bedeutendste Mittler, der auf fast allen Kongressen anwesend ist, bei denen deutsch-französische Verständigung und Probleme Thema sind, veröffentlichte das Buch ‚L'Allemagne du changement'. Manche Titel, wie ‚Vers le IVe Reich' von Picaper, Figaro-Korrespondent für Deutschland und lange Jahre in Berlin ansässig, und der Aufsatz des linken Journalisten und Deutschlandexperten Laurent Dispot, der ‚Pacifisme, Nazisme & Compagnie' als Überschrift trägt und in der Zeitschrift ‚L'infini', Nachfolger von Tel Quel, erschien, lassen an Deutlichkeit wenig zu wünschen übrig.
Es gibt aber auch andere Erklärungsmuster für den Pazifismus. Für Tatu, Strategieexperte von Le Monde, stellt sich das so dar: „Der Pazifismus ist in der Tat zunächst ein gesellschaftliches Phänomen, ein deutsches, oder niederländisches, oder dänisches Problem; sein Ursprung ist eine Frustration, zurückzuführen auf eine zu große Abhängigkeit von einem ‚die Verantwortung nehmenden' Beschützer oder auf eine besondere geopolitische Lage."[7]

2.1. Die Friedensbewegung

Angesichts solcher Titel und der Inhalte sieht Baier Anzeichen, die dafür sprächen, daß es bei dieser deutsch-französischen Kontroverse nicht um die Friedensbewegung gehe, sondern um einen kulturellen Konflikt. Unter der Oberfläche der Friedensdebatte tobe ein Religionskrieg, der seit langem beendet schien.[8]
Dabei bezieht er sich auf Dispot und Glucksmann. Dispot entdeckt im deutschen Pazifismus eine Sehnsucht nach Autorität, die Wiederkehr des Hasses, nicht auf den Krieg, sondern auf die Demokratie. Als Erklärung zieht er eine gerade Linie vom deutschen Protestantismus, von Luther, über Marx, Wagner zu Hitler („zwischen Luhitler und Hitluther"[9]). Die Protestanten haben Hitler ‚gemacht', nun erscheint als nächstes Produkt in dieser Linie die Friedensbewegung, die in der antikatholischen Tradition steht, antisemitische Tendenzen hat und sich dem sowjetischen Totalitarismus unterwirft. Letzterer Vorwurf, vor allem von Glucksmann erhoben, kann durchaus als Ausdruck des Traumas von München und 1940 interpretiert werden. Friedensbewegung und Grüne

Glucksmann // Dispot

sind die neuen Nazis, und das nicht nur in der Sicht der französischen Linken. Die größte Resonanz in der Bundesrepublik hatte André Glucksmanns ,La force du vertige' (Paris, 1983), eine vehemente und polemische Verteidigung der atomaren Abschreckung, die der deutschen Friedensbewegung Kapitulation vor der sowjetischen Erpressung, dem Gulag, und Blauäugigkeit vorwirft, weil sie Hiroshima und Auschwitz gleichsetze und darüber den Gulag vergesse. Glucksmann fordert gar Atomwaffen für die Bundesrepublik. Die deutschen Reaktionen waren nicht minder polemisch, so schrieb z.B. der Grüne Joschka Fischer einen Artikel mit der Überschrift ,Au revoir, Mao – Hello, Ronny'.[10]Glucksmann wurde sehr viel Aufmerksamkeit zuteil, von Kritikern der Friedensbewegung wurde er dankbar aufgegriffen.[11]

Es scheint, als sei er überbewertet und als habe man hierzulande den Hintergrund der Wendung der französischen Linken um Glucksmann nicht verstanden. Nachdem die französische Linke Ende der 40er und in den 50ern die Existenz des Gulag, der Repression und von Straflagern in der Sowjetunion, systematisch und teilweise wider besseres Wissens abgeleugnet hatte, als herausragende Ereignisse sind der Kravtchenko-Prozeß 1949 und die Rousset-Affäre zu nennen (Le goulag et la France. Il a fallu plus de trente ans pourque la France commence à croire les informations et les témoignages qui lui parvenaient sur la répression en URSS[12]), entdeckte sie in den 70ern, mit der Lektüre von Solschenizyns ,Archipel Gulag', die wahren Sachverhalte. Von nun an wurde die Sowjetunion zum Hauptfeind, ein Zurückweichen vor sowjetischem Druck zur Erbsünde. Glucksmann widmete große Teile eines Buchs der Rolle von Wahlen in westlichen Demokratien, was vorher nie linkes Thema war, jegliche Ideologie, auch Regionalismus, wurde als Quelle des Faschismus verdächtigt.[13]
Für den eher konservativen Rovan wurzelt die Friedensbewegung im Romantisch-Antirationalen-Religiösen, einer langen deutschen Tradition, von den Hussiten, Wiedertäufern, über die nationale Bewegung 1813 - 1815, die Jugendbewegung der Weimarer Zeit bis zu Petra Kelly. Hinter dem Begriff Bewegung verberge sich ein Totalitätsanspruch, auch die Nazis nannten sich Bewegung. „Nicht jede Bewegung führt zum Nazismus, gewiß, aber jede Bewegung enthält einen Teil der anti-rationalistischen, anti-juristischen und anti-individualistischen Tradition und einen Teil der Tradition gemeinschaftlicher Schwärmerei, einen Teil der millenaristischen Tradition, die in jedem der historischen Abschnitte zu finden waren, die wir angesprochen haben."[14]
Die massive Kritik an der deutschen Friedensbewegung erweckte bei neutralen Beobachtern der Vorgänge gemischte Gefühle. Die Amerikanerin Diana Johnstone, in Paris lebende Europakorrespondentin eines US-Magazins meinte: „Das Schauspiel der feindseligen und verleumderischen Reaktion des sozialistisch genannten Frankreich auf die große deutsche Friedensbewegung empört zuerst und gibt dann zu denken. Es sieht so aus, als sei ein Boche, ob nun militaristisch oder pazifistisch, für die Franzosen stets ein Boche."[15]
Neben den vielen polemischen Stimmen gibt es auch nüchterne Analysen der

deutschen Friedensbewegung, so z.B. von Bernard Bonnery. Für ihn ist die Geschichte des deutschen Pazifismus begründet in der Existenz eines anderen Deutschland, das oft das Risiko einging, sich in Opposition zu den jeweiligen herrschenden politischen Kräften zu bilden. Diese besondere Situation erkläre die innere Zerrissenheit der Friedensbewegungs-Organisationen und ihre geringe Neigung zur Langlebigkeit.[16]
Die Friedensbewegung bietet in ihrer Heterogenität und diffusen Zielsetzung sehr viel Anlaß zu Kritik. In Frankreich haben sich nur sehr wenige die Mühe gemacht, dies zu verfolgen. Statt dessen überwiegt die pauschalisierende Kritik des Pazifismus, hinter der alte Ängste, Vorurteile und Traumata zum Vorschein kommen. „Nichtsdestoweniger bleibt festzuhalten, daß der Rückgriff auf vereinfachende Klischees, auf den französischen Chauvinismus auch an die Stelle von Analysen getreten ist."[17]

2.2. Die Rolle der Kirchen – der deutsche Protestantismus

„Ob es einem gefällt oder nicht, die deutschen Kirchen spielten eine treibende und mobilisierende Rolle in der Friedensbewegung."[18]
Die Rolle der Kirchen, ihr Einfluß auf den Pazifismus, nimmt breiten Raum in der französischen Literatur dazu ein. Die offizielle katholische Kirche war (und ist) gegenüber der Friedensbewegung eher zurückhaltend, während die evangelische Kirche als Katalysator der Friedensbewegung erscheint. In der DDR sammelt sich die unabhängige Friedensbewegung ausschließlich um die evangelische Kirche, weil diese der einzige gesellschaftliche Freiraum ist, der ein Zusammenkommen ermöglicht.
Für den französischen Beobachter war der evangelische Kirchentag in Hamburg, vom 17. - 21.6.1981, mit dem Thema Frieden, beherrscht von Angst und Furcht vor der Zukunft. Am 5.11.1981 wurde das EKD-Memorandum zum Frieden verabschiedet, das sich gegen Atomwaffen, für defensive Umrüstung und gleichzeitige Abrüstung ausspricht und jede ethische Rechtfertigung des Krieges ablehnt.[19]
Warum unterstützt gerade die evangelische Kirche so stark die Friedensbewegung? Zum einen ist da die protestantische Angst (das Wort wird bei dieser Gelegenheit auch im Französischen verwendet), die metaphysischer Natur ist und mit einer Hinterfragung seiner selbst einhergeht.[20] Zum anderen das Verhältnis der evangelischen Kirche zum Staat. Die Protestanten, so Rovan, haben es sich nie verziehen, mit Luthers Wechsel von der päpstlichen zur Fürstengewalt niemals den alten Gehorsam gegen die weltliche Macht aufgegeben zu haben. Die evangelische Kirche lebe ihre Zerrissenheit der Hitlerzeit, unter umgekehrten Voraussetzungen. Eine Art Eskalation mache aus den Christen neue

Kreuzritter, gebe ihnen eine neue Intoleranz, mache sie einem neuen Totalitarismus verfügbar. Die Kirchentage dienten, neben dem Glauben, dem Ausleben einer kollektiven Hysterie. „Ungeduld und Intoleranz, verbunden mit einem gewissen Antirationalismus und der Weigerung, die Welt in ihrer Unvollkommenheit zu akzeptieren ...",[21] das kennzeichne die Christen in der Friedensbewegung.

2.3. Nationalismus, Neutralismus – die deutsche Frage

Laut Renata Fritsch-Bournazel hat Deutschland in seiner modernen Geschichte ständig nach seiner Identität gesucht und Probleme in den Beziehungen zu seinen Nachbarn gehabt.[22] Diese Suche nach Identität lasse in jüngerer Zeit die Frage der Nation wieder aufkommen, ein Problem, das viele mit dem Abschluß der Ostverträge, der Anerkennung der Oder-Neisse-Linie, dem Berlin- Vertrag für gelöst gehalten hatten.

„Im übrigen findet das Dreigespann Pazifismus-Nationalismus-Neutralismus – anderswo konfliktuell – in der Bundesrepublik seinen harmonischsten Ausdruck, in einem neuen linken Bewußtsein nationaler Identität, mehr sozial als staatlich, nationaler Souveränität und nationaler Gemeinschaft. Man findet dort die traditionellen Begriffe von ‚Heimat' und ‚Vaterland', von den Grünen in sentimentaler Weise gefüllt, jenen des deutschen Interesses, bekräftigt durch die SPD, und das Bewußtsein einer Leidensgemeinschaft mit dem anderen Deutschland, mit dem gemeinsamen Privileg, die vorbestimmten Opfer eines Atomkriegs zu sein", urteilt Pierre Hassner, Politikwissenschaftler und Mitglied der Fondation Nationale des Sciences Politiques.[23]

Das Wiederauftauchen der deutschen Frage rief in Frankreich starke Besorgnis hervor, ist doch die Teilung Deutschlands Grundbedingung des Nachkriegssystems in Europa und der Sicherheitspolitik Frankreichs. Niemand mit politischer Verantwortung will die deutsche Wiedervereinigung, nur die französische Bevölkerung denkt da anders. 59% der Franzosen meinen, die deutsche Wiedervereinigung sei heute eine legitime Angelegenheit, nur 28% hielten sie für gefährlich in bezug auf Europa.[24]

Analytiker der Politik urteilen anders. In Frankreich habe man vergessen, daß seit 1949 die Wiederherstellung der deutschen Einheit, die Beseitigung der Nachwehen des Kriegs und des Hitlerismus die Ziele der deutschen Politik seien.[25] Und für viele Neu-Nationale sei die nationale Einheit ein höherer Wert als Demokratie und Freiheit, Neo-Rapallo- und Neo-Tauroggen- Perspektiven seien sichtbar.[26]

Gabriel Robin, außenpolitischer Berater der Präsidenten Pompidou und Giscard d'Estaing, drückte gleichfalls seine Sorge und Verwunderung über die Rückkehr der deutschen Frage aus. Mit den Ostverträgen, insbesondere dem

Grundlagenvertrag, schien die deutsche Frage zurückgestuft, doch Anfang 1983 hatte sich das Bild komplett gewandelt. Der alte Alptraum einer deutschen Aussöhnung mit dem Osten, von dem man glaubte, man habe ihn für immer ausgetrieben, kehrte zurück.[27]

Für die Deutschen, die mit der Entspannung und den Ostverträgen an politischer Selbständigkeit gegenüber dem Osten gewonnen hatten, war die Akzeptierung des Status quo Mittel zur Veränderung der politischen Ordnung. Mit dem Ende der Entspannung war nicht die mit ‚Ostpolitik' umschriebene innerdeutsche Annäherung beendet. Auch die Wahl Kohls im März 1983 änderte nichts an der Kontinuität der Ostpolitik. Nach dem Beschluß vom 22.11.1983 des Bundestags, die Nachrüstung durchzuführen, suchten Kohl und Honecker den Schaden zu begrenzen. Kohl führte die Ostpolitik fort, die beiden deutschen Staaten entwickelten ihre Zusammenarbeit, ohne sich allzu sehr um die steigende Ost-West-Spannung zu kümmern.

Auf einem Kongreß in Berlin mit dem Thema ‚Frankreich und die deutsche Identität' vom 15. - 17.11.1983, durchgeführt vom deutsch- französischen Institut, Ludwigsburg, und dem Centre d'Information et de Recherche sur l'Allemagne Contemporain, CIRAC,[28] gab es unter anderem eine Fragestellung ‚Abhängigkeit durch Annäherung?' oder ‚Französische Fragen nach den innerdeutschen Beziehungen und den europäischen Perspektiven'. Auch Alfred Grosser äußerte sich besorgt über die innerdeutschen Beziehungen, Honecker erscheine in der Bundesrepublik wie ein gütiger Landesvater und nicht als der Repräsentant eines totalitären Regimes.[29]

Lellouche sieht in der Ostpolitik insofern eine Gefahr, als sie der Sowjetunion einen Hebel zur Erpressung biete, Fritsch-Bournazel verweist darauf, Bundesrepublik 92 000 Arbeitsplätze vom Osthandel abhingen.[30]

Der im Zusammenhang mit der Nachrüstung aufgekommene Begriff von der Verantwortungsgemeinschaft der beiden deutschen Staaten ist inhaltlich unbestimmt, ja nebulös und schafft Mißtrauen, vor allem in Frankreich.

Zurück zu dem Aufsatz von Robin. Zur Lösung des Problems Deutschland sieht er zwei Alternativen: Atomwaffen für Deutschland oder Wiedervereinigung. Die Deutschen würden aber Atomwaffen auf ihrem Boden künftig nur bei einer gewissen Kontrolle darüber akzeptieren, bei dem ungelösten Problem der Wiedervereinigung könnte mancher in Deutschland mehr wollen. Aber kein vernünftiger Mensch, innerhalb und außerhalb Deutschlands, könne beides wünschen, Wiedervereinigung und Atombewaffnung. Daher sei die unvermeidliche Frage, ob es langfristig besser sei, ein atomar entwaffnetes und vereintes oder ein atomar bewaffnetes, aber geteiltes Deutschland anzustreben. Robin entscheidet sich für ersteres.[31]

Egon Bahr wird von vielen Franzosen als der Architekt der Ostpolitik angesehen, immer wieder wird auf seine Ausführungen vor der evangelischen Akademie Tutzing 1963 Bezug genommen,[32] seinen Äußerungen wird großes Gewicht zugeschrieben. Grosser empfiehlt: „Scrutez donc la pensée d'Egon Bahr."[33]

Für Bahr ist die Sorge und das Mißtrauen gegen die Deutschen zum Teil Ergebnis der Verdrängung und falschen Einschätzung des deutschen Problems, im Zusammenhang mit Ostverträgen und Grundlagenvertrag. In Frankreich sei die Sorge vor der deutschen Aussöhnung mit dem Osten stärker als anderswo, wegen der geographischen Gegebenheiten, die Frankreich unentrinnbar vor die Alternative stellten, die Bundesrepublik entweder als Glacis der eigenen Strategie und Sicherheit oder als Teil der eigenen Sicherheit zu sehen, wobei letzteres in Paris überwiegend abgelehnt werde. Frankreich verlasse sich nur allzu gern auf die USA, wenn es darum gehe, die Bundesrepublik zu überwachen, auf die Sowjetunion, wenn die Wiedervereinigung zu verhindern sei. Der außenpolitische Sprecher der PS, Huntzinger, soll zum Nachrüstungsbeschluß des Bundestages am 20.11.1983 gesagt haben, die Stationierung der Pershing II löse für Frankreich die deutsche Frage für die nächsten 20 Jahre.[34] Das scheint ein voreiliges Urteil gewesen zu sein, denn die innerdeutschen Beziehungen verschlechterten sich trotz der Stationierung nicht wesentlich. Deutscher Neutralismus, ein Abgleiten nach Osten der Bundesrepublik, bleiben für Frankreich und die USA eine Furcht.[35]

Auch wenn bundesdeutsche Politiker, wie der jetzige Bundespräsident von Weizsäcker[36] und der SPD-Abgeordnete Voigt, immer wieder betonen, die deutsche Frage stelle sich nicht in der in Frankreich wahrgenommenen Form, Wiedervereinigung sei kein Thema, so zeigt sich doch, daß französische Befürchtungen damit nicht zu beseitigen sind.[37]

Der Grund ist in dem Grosser-Zitat eingangs des Abschnitts umrissen. Baier nennt das den ‚deutsch-französischen double bind' und Richard von Weizsäkker ‚die dualistische Tradition Frankreichs'. Hier sei die polemische Variante Baiers zitiert: „Eben darin liegt die doublebind-Struktur, die von ihrem Entdecker Gregory Bateson als Auslöser schizophrener Erkrankungen erkannt worden ist: wenn an jemanden zweierlei Erwartungen gerichtet werden, die sich gegenseitig ausschließen, wenn also die Deutschen die Existenz zweier deutscher Staaten freudig akzeptieren und es gleichzeitig als höchstes Glück der Erdenkinder betrachten sollen, nach französischem Muster in einem nationalen Einheitsstaat zu leben."[38]

Argumente von Politologen, die Lösung der deutschen Frage sei nur in europäischem Rahmen möglich, was nicht notwendigerweise Wiedervereinigung heiße, man dürfe die Bundesrepublik nicht in eine bestimmte Richtung drängeln, sondern müsse verstehen, warum jede Situation vermieden werden müsse, in der Bonn zwischen Ostpolitik, europäischer Hoffnung und atlantischer Treue zu wählen habe,[39] helfen da sehr wenig.

2.4. SPD und Friedensbewegung

Grund zur Beunruhigung bietet für Frankreich auch die Entwicklung der SPD. Viele SPD-Mitglieder sind auch in der Friedensbewegung aktiv, die Jungsozialisten sind in deren Koordinationsausschuß (KA) vertreten, Eppler, Lafontaine und Brandt haben auf Veranstaltungen der Friedensbewegung geredet.
Die SPD sei, neben den Grünen, einer der privilegierten Kanäle der Friedensbewegung, wenn sie sich Geltung verschaffen wolle. Aus dieser Situation könne eine neue Strategie der SPD entstehen, die darin bestehe, die Basis einer Übereinkunft mit den Grünen zu untersuchen, was vor allem von Brandt betrieben werde.[40] Hans-Jochen Vogel, Kanzlerkandidat der SPD 1983, trieb, nach Grosser, ein subtiles Spiel, das die Bundesrepublik von der Allianz distanzieren und schlimmstenfalls trennen könne.[41]
Verschiedene prominente SPD-Mitglieder, z.B. Lafontaine, haben den Austritt der Bundesrepublik aus der NATO gefordert. Seit 1982 gibt es in der SPD eine Debatte über eine neue Sicherheitsstrategie. Der Begriff Sicherheitspartnerschaft macht in diesem Zusammenhang in der SPD die Runde,[42] ohne daß man in Frankreich wüßte, was man sich darunter genau vorzustellen hat. Für Lellouche, der den SPD-Politiker Voigt, einen der Verfechter der Sicherheitspartnerschaft, nach eigenem Bekunden ansonsten sehr schätzt, ist Sicherheitspartnerschaft = Apeacement = Neutralität.[43]
Egon Bahr fordert in einem Sondervotum, als Mitglied der Palme-Kommission, alle Atomwaffen aus Ländern abzuziehen, die nicht selbst darüber Verfügungsgewalt haben.[44]
In Frankreich besteht der sicherheitspolitische Konsens in der Akzeptanz der atomaren Abschreckung, wie weiter unten noch zu zeigen sein wird. Ablehnung von Atomwaffen und atomwaffenfreie Zonen beunruhigen die Politiker, vor allem, wenn darüber in der Bundesrepublik, in einer Partei, die 1987 wieder an die Macht will, gesprochen wird.
Für den besorgten französischen Beobachter ergibt sich aus dem, was in diesem zweiten Abschnitt beschrieben wurde, spätestens ab 1982 ein Bild, das sich folgendermaßen zusammenfassen läßt: Die Bundesrepublik ist auf der Suche nach nationaler Identität richtungslos, verunsichert durch einen Beschützer, an den sie den Glauben verloren hat, und hin und her gezogen durch die Versuchung eines einsamen Spiels mit dem Osten. Kurz, das Glacis, wenn es denn je eines war, ist heute nichts weiter als ein Sumpfloch, das die Franzosen schlecht kennen.[45] Es muß also dringend etwas unternommen werden. Der Hinweis, Frankreich müsse mehr tun als reden, um ein deutsches Abgleiten zu verhindern, findet sich an vielen Stellen.[46]

Anmerkungen

1 Gnesotto, Nicole: La France, fille aînée de l'Alliance? in: Lellouche, Pierre: Pacifisme et Dissuasion, IFRI-Forschungsbericht, Paris 1983, S. 275;
2 Nicklas, Hans: Die alten und die neuen Vorurteile im deutsch-französischen Verhältnis, in: Manfrass, a.a.O., S. 62 f;
3 Baier, Lothar: Religionskrieg um den Frieden. Eine Polemik, in: Alix, Christian/Baier, Lothar/ Jouhy, Ernst: Sehfehler links? Über die deutsch-französische Miß- Verständigung, Gießen 1985, S. 117;
4 siehe dazu: Duroselle, Jean-Baptiste: Les précedents historiques: pacifisme des années 30 et neutralisme des années 50, in: Lellouche, 1983, a.a.O., S. 241 - 252;
5 Rovan, Joseph: L'Allemagne du changement, Paris 1983, S. 170 ff;
6 Grosser, Alfred: Où en est la République Fédérale d'Allemagne? in: Revue Allemagne 1/ 1985, S. 3 - 8;
7 Tatu, Michel: La bataille des euromissiles, Paris 1983, S. 6;
8 Baier, a.a.O., S. 118 f;
9 ebenda, S. 120;
10 Der Spiegel, 9.7.1984;
11 FAZ, 28.11.1983, 14.9.1985; Die Zeit, 5.10.1984;
12 Le Monde, 17.10.1982;
13 siehe dazu: Altwegg, Jürg: Neue Allianzen – „La nouvelle Philosophie" – Symptom oder Motor politischen Umdenkens? in: Bourdet/Mechtersheimer, a.a.O., S. 147 - 154;
14 Rovan, a.a.O., S. 181;
15 nach: Baier, a.a.O., S. 123;
16 Bonnery, Bernard: Les racines historiques du pacifisme allemand, in: Allemagnes d'aujourd-'hui 3/1984, S. 22;
17 Gabert, Gérard: Le mouvemant allemand pour la paix et les malentendus franco-allemands, in: documents 2/1984, S. 76;
18 Chauvin, Charles: Les Eglises dans le débat sur la paix, in: documents 2/1984, S. 36;
19 Edighoffer, Roland: Les Eglises et le pacifisme en RFA, in: Allemagnes d'aujourd'hui 3/1982, S. 6 ff;
20 Moisi, Dominiques: Les limites du consensus, in: Lellouche, 1983, a.a.O., S. 255;
21 ebenda, S. 259; Rovan, a.a.O., S. 184;
22 Fritsch-Bournazel, 1983, a.a.O., S. 153;
23 Hassner, Pierre: Pacifisme et terreur, in: Lellouche, 1983, a.a.O., S. 162;
24 Le Monde, 28.6.1985;
25 Dreyfus, François: Pacifisme et neutralisme en Allemagne fédérale d'aujourd'hui, in: Défense Nationale 2/1982, S. 8;
26 Rovan, a.a.O., S. 201 f;
27 Gabriel, Robin, nach: Bahr, Egon: Deutschland und die Atomwaffen, in: Die Neue Gesellschaft 2/1984, S. 102 - 122;
28 in: Dokumente 2/1984, S. 102 - 122;
29 ebenda, S. 116;
30 Lellouche, 1985, a.a.O., S. 156; Fritsch-Bournazel, Renata: Chances et risques de l'Ostpolitik, in: Défense Nationale 5/1983, S. 110;
31 nach: Bahr, in: Die Neue Gesellschaft, a.a.O.;
32 z.B. Klein, in: Politique Etrangère, a.a.O., S. 919;
33 Grosser, in: Revue Allemagne, a.a.O., S. 3;
34 Bahr, in: Die Neue Gesellschaft, a.a.O., S. 217 f;
35 Fontaine, Le Monde, 5.7. und 27.12.1984;
36 Weizsäcker, Richard von: La question allemande, in: documents 2/1984, S. 3 - 12;

37 Lellouche, 1985, a.a.O., S. 155 f;
38 Baier, a.a.O., S. 127;
39 Fritsch-Bournazel, 1983, a.a.O., S. 15 ff;
40 Bureau, Jean-Francois: La contestation des armes nucléaires et les partis politiques en Europe de l'Ouest, in: Lellouche, 1983, a.a.O., S. 189 f;
41 Fritsch-Bournazel, in: Défense Nationale, a.a.O., S. 107;
42 siehe dazu: politik 9, Aktuelle Information der Sozialdemokratischen Partei Deutschlands, Juli 1983; Voigt, Karsten: Von der Abschreckung zur Sicherheitspartnerschaft – vom nuklearen Wettrüsten zur atomwaffenfreien Zone, in: Krippendorff, Ekkehart/Stuckenbrock, Reimar: Zur Kritik des Palme Berichts, Berlin 1983, S. 31 - 39;
43 Lellouche, 1985, a.a.O., S. 254 ff;
44 Bahr, in: Bourdet/Mechtersheimer, a.a.O., S. 42;
45 Lellouche, 1985, a.a.O., S. 254 ff;
46 u.a. Grosser, 1984, a.a.O., S. 304.

3. Erwartungen und Forderungen in der Bundesrepublik an die französische Sicherheitspolitik

Für Änderungen in der Sicherheitspolitik und eine engere Zusammenarbeit mit der Bundesrepublik ist man in Frankreich darauf angewiesen, mit klaren Vorstellungen konfrontiert zu werden, denn man kann der Bundesrepublik nur schwer etwas aufdrängen, was diese nicht will. Es sind denn auch Klagen zu vernehmen, die bundesdeutschen Erwartungen seien nicht klar genug. Man wisse bisher nur von Dregger, Todenhöfer und Schmidt Genaueres, das müsse konkretisiert werden, schrieb ein Sicherheitspolitiker, der Verteidigungsminister Hernu als Berater diente.[1]

In der Bundesrepublik wird die französische Sicherheitspolitik von allen Seiten kritisiert. Bei Friedensbewegung und verwandten Gemütern stößt das Festhalten, auch in der Linken, an der atomaren Abschreckung auf Unverständnis.[2]

Den Sicherheitspolitikern in den Parteien gilt der Austritt Frankreichs aus der militärischen Integration der NATO als Ursache allen Unglücks. Der schon mehrfach angeführte Lothar Rühl, seit 1982 Staatssekretär im Bundesverteidigungsministerium, und Christian Krause, Ex-General und Mitarbeiter der SPD-nahen Friedrich-Ebert-Stiftung, sind sich dabei einig. Denn mit dem Verlassen der militärischen Integration entledigte sich Frankreich der Beistandspflicht, was mit der Konstruktion der NATO zu erklären ist: Der Artikel 5 des NATO-Vertrags, der die Beistandspflicht regelt, verpflichtet im Falle eines Angriffs auf ein Mitglied des Bündnisses lediglich zu Solidarität und Unterstützung, nicht zum Waffeneinsatz für den Angegriffenen. „Die Parteien vereinbaren, daß ein bewaffneter Angriff gegen eine oder mehrere von ihnen in Europa oder Nordamerika als ein Angriff gegen alle angesehen wird; sie vereinbaren daher, daß im Falle eines solchen bewaffneten Angriffs jede von ihnen ... der Partei oder den Parteien, die angegriffen werden, Beistand leistet, indem jede von ihnen unverzüglich für sich und im Zusammenwirken mit den anderen Parteien die Maßnahmen, einschließlich der Anwendung von Waffengewalt, trifft, die sie für erforderlich erachtet, um die Sicherheit des nordatlantischen Gebiets wiederherzustellen und zu erhalten."[3]

Der militärische Beistand ist für niemand verpflichtend. Selbst die UN-Charta sieht weitergehende Verpflichtungen vor.[4] Um diesem Manko Abhilfe zu schaffen, wurde eine technische Lösung gewählt, die militärische Integration der NATO geschaffen. Durch ihre Befehlsstrukturen[5] sind die ihr angehörenden Länder im Fall eines Angriffs auf ein NATO-Mitglied automatisch in dessen Abwehr involviert. Mit dem Austritt aus der militärischen Integration hat sich Frankreich seiner militärischen Beistandsverpflichtung entledigt.[6]

Rühl untersucht die juristische Bedeutung des französischen Schritts und merkt an, im WEU-Vertrag vom 23.10.1954 (der die militärischen Angelegenheiten der Westeuropäischen Union auf die NATO überträgt) sei bestätigt, daß der Artikel 12 des NATO-Vertrages Gültigkeit habe, welcher die Dauer der Gültigkeit des Pakts auf 50 Jahre festlege, ohne daß ein Partner vorher den Vertrag kündigen dürfe. Also habe Frankreich sowohl den NATO- als auch den WEU-Vertrag gebrochen.[7] Im übrigen enthielten dessen angehängte Protokolle die Rüstungsbeschränkungen für die Bundesrepublik, die nur durch Beistand und Koordination innerhalb der NATO akzeptabel seien.[8]
Der damalige Premierminister Pompidou gab vor dem Parlament vier Hauptargumente für den französischen Rückzug aus der militärischen Integration:
- die Änderung der internationalen Situation seit 1949 - 55. Ein Angriff der Sowjetunion sei unwahrscheinlich;
- der Wechsel der NATO von der massiven Vergeltungs- zur Flexible Response-Strategie;
- der ‚Mechanismus des kollektiven Kriegs', der durch das System der Integration geschaffen sei;
- die Unterwerfung Frankreichs unter eine ausländische Militärautorität.[9]

Laut de Gaulle und General Gallois, einem der wichtigsten französischen Militärtheoretiker, schließt der Besitz von Atomwaffen Allianzen aus. Für Rühl ist der einzig wahre Grund für den Rückzug das Streben de Gaulles nach nationaler Unabhängigkeit für Frankreich.[10]
Die Bundesregierung war über den französischen Schritt aufgebracht, es entwickelte sich ein lebhafter Austausch von diplomatischen Noten. Die Bundesregierung verlangte Aufklärung darüber, wie Frankreich sich den Verbleib seiner Truppen in der Bundesrepublik, deren Rolle und Zusammenarbeit mit den NATO- Verbänden vorstelle, ob die französischen Truppen im Kriegsfall genau definierte Aufgaben übernähmen. In dem Moment, wo Frankreich seine Streitkräfte dem NATO-Oberkomando entziehe, könne es sich nicht mehr auf das Stationierungsrecht des Vertrags vom 23.10.1953 berufen, das müsse auf der Basis des deutsch-französischen Freundschaftsvertrags neu verhandelt werden. De Gaulle drohte gar, die französischen Truppen aus der Bundesrepublik abzuziehen.[11]
Die französischen Truppen verblieben in der Bundesrepublik, mit zweideutigem Auftrag (siehe dazu Kapitel 5.1.). Seit de Gaulle wird in jedem Papier zur französischen Verteidigungspolitik die Zugehörigkeit zur Allianz betont, in deren politischen Gremien, wie z.B. dem NATO-Rat, Frankreich nach wie vor vertreten ist. Aber genauso oft wird betont, es könne keinen Automatismus beim Einsatz französischer Truppen in der Bundesrepublik im Kriegsfall geben, dies sei ein Teil der ‚glorreichen Ungewißheit der Abschreckung'.[12] Der Satz von der Ungewißheit als der Mutter der Abschreckung stammt von General Beaufre und wurde in der Konzeptionsphase der Force de Frappe formuliert.[13] In der Bundesrepublik findet man diese Ungewißheit weniger wunderbar, es gelüstet hiesigen Sicherheitspolitikern vielmehr nach mehr Gewißheit.

Auch die Zielplanung für die taktischen Atomwaffen Frankreichs, vor allem die Pluton-Rakete, die, in Ostfrankreich stationiert und mit 120 km Reichweite, in jedem Fall auf bundesdeutschem Gebiet explodieren würde, ist von Interesse.

3.1. Das Seitz-Papier

Am 26. Oktober 1982, also kurz nach dem Regierungswechsel in Bonn, hielt der Leiter des Planungsstabes im Auswärtigen Amt, Konrad Seitz, vor dem Institut Français des Relations Internationales (IFRI) einen Vortrag über deutsch-französische sicherheitspolitische Zusammenarbeit.[14] Die Inhalte dieses Vortrags gelten seither als die wichtigste Formulierung der sicherheitspolitischen Erwartungen der Bundesregierung an Frankreich.[15] Der Vortrag erschien auch, in leicht veränderter Fassung, in Politique Etrangère.[16] Seitz spricht hier Klartext. „Wenn Frankreich Angst davor hat, bei den Deutschen langfristig den Neutralismus aufkommen zu sehen, kann es sich dem nur durch ein entschlosseneres Engagement entgegenstellen, indem es seine eigene Sicherheit fester an jene der Bundesrepublik bindet und öffentlich seine Solidarität mit ihr bekundet.“[17]
Es gehe darum, so Seitz, parallel NATO und deutsch-französische Verteidigungskooperation zu stärken. Die Sichtweise, beides schlösse sich aus, sei obsolet. Die französische Verteidigungspolitik betone die Autonomie der Verteidigung, die aber die Abdeckung durch die NATO voraussetze. De Gaulle habe auf zwei Prämissen gebaut: 1. Atomare Überlegenheit der USA über die Sowjetunion. 2. US-Präsenz in der Bundesrepublik und deren feste Einbindung in der NATO.[18]
Unter ‚Aufgaben deutsch-französischer Sicherheitszusammenarbeit‘ schreibt Seitz: „Erste Aufgabe des Sicherheitsdialogs wird es sein, zu einer gemeinsamen Gesamtkonzeption zu kommen. Es gilt, die Rolle der konventionellen Verteidigung zu klären. Von da aus kann dann die Rolle besprochen werden, die Frankreich seinen Nuklearwaffen zuweist. Von besonderer Wichtigkeit für die Bundesrepublik sind hierbei Informationen und Konsultationen über die Einsatzpläne für die taktischen Atomwaffen.“[19] Für die Bundesrepublik sei Aufgabe des atomaren Ersteinsatzes, auf den sie dringe, die Wiederherstellung der Abschreckung, nicht die nukleare Gefechtsführung. Grundintention der NATO-Strategie (nach bundesdeutscher Interpretation, wie man einschränkend anfügen muß, der Verf.) und der französischen Strategie über den Einsatz taktischer Atomwaffen stimmten also überein.
Frankreich müsse sich stärker an der konventionellen Verteidigung Europas beteiligen. Trotz Nichtintegration könnten Absprachen über einen schnellen Einsatz französischer Truppen im Kriegsfall, weiter vorne an der Front (als das 2. Corps in Südwestdeutschland, der Verf.), getroffen werden.

Die Autonomie der force de dissuasion sei unantastbar, niemand erwarte eine formelle Schutzzusage Frankreichs für seine europäischen Verbündeten, aber im Sinne des ‚sanctuaire élargi' von Präsident Giscard d'Estaing und nach den Äußerungen von Premier Mauroy 1981 (siehe Kapitel 5.1.5) trage jede offizielle französische Erklärung, die betone, daß der französische Abschreckungsschirm über das eigene Territorium hinausreiche, zur zusätzlichen Abschrekkung zugunsten Europas bei. Die Rüstungskooperation könne intensiviert werden, vor allem C^3I-Systeme (command, control, communication, intelligence) und neue konventionelle Munitionsarten böten sich an.
Die Bundesrepublik und Frankreich stimmten darin überein, daß Europas Sicherheit nur im Bündnis mit Nordamerika zu gewährleisten sei, aber die Stimme Europas müsse mehr Gewicht erhalten. Deshalb sei der Aufbau eines europäischen Pfeilers in der NATO vornehmstes Ziel deutsch-französischer Sicherheitszusammenarbeit. Die Sicherheitszusammenarbeit solle durch die wirtschaftliche Zusammenarbeit ergänzt werden.[20]
Ohne Zustimmung von Vorgesetzten, zumindest des Außenministers Genscher, dürfte Seitz wohl kaum so weitgehende Äußerungen gewagt haben, davon kann man ausgehen.

3.2. Positionen in der CDU

Im Hinblick auf Frankreich haben sich vor allem der Fraktionsvorsitzende im Bundestag, Dregger, und der rüstungspolitische Sprecher, Todenhöfer, geäußert.
Dregger beklagte 1984, es gebe keinen europäischen Pfeiler der NATO, denn Frankreich mache seine Force de Frappe nach wie vor zu einer exklusiv nationalistischen Angelegenheit. Das mindeste, was europäische Gemeinsamkeit verlange, sei die Bereitschaft jeden Partners, mit all seinen Waffen für jeden anderen europäischen Allianzpartner einzutreten. Eine solche Solidarität erlaube eine europäische Arbeitsteilung, die Atomwaffen Frankreich und Großbritannien vorbehalte (Dregger: Paris muß Farbe bekennen. Sicherheitspolitik kann nicht auf nationalem Alleingang aufbauen[21]).
Todenhöfer forderte deutsche Mitbestimmung bei der Einsatzentscheidung über europäische Atomwaffen, die Bundesrepublik verfüge bisher nur über eine drittklassige Sicherheit. Die atomaren Aufrüstungsprogramme Frankreichs und Großbritanniens, plus die amerikanischen Nachrüstungswaffen, ergäben eine leistungsfähige Atomstreitmacht mit 1 800 Gefechtsköpfen für Europa. Diese könne Kernstück einer regionalstrategischen Atomstreitmacht zum Schutz der europäischen NATO-Mitglieder werden. Die Einsatzkontrolle könne nach einer Übergangszeit einem Exekutiv-Gremium der NATO-Länder übertragen werden.[22]
Als weiteres Anzeichen für Bereitschaft zur sicherheitspolitischen Zusammen-

arbeit mit Frankreich ist die Zustimmung der Regierungsparteien zum Vorschlag Helmut Schmidts vom Juni 1984 (siehe Kapitel 3.3.) zu werten.[23] Bundeskanzler Kohl setzt anscheinend mehr auf die USA als auf eine stärkere Zusammenarbeit mit Frankreich. In seiner Regierungserklärung vom 13.10.1982 heißt es, „das Bündnis ist der Kern deutscher Staatsräson. ... Fundament deutscher Außen- und Sicherheitspolitik sind das Nordatlantische Bündnis und die Freundschaft und Partnerschaft mit den Vereinigten Staaten".[24] Das Setzen von Kohl auf die traditionelle US-Karte wird auch noch anderweitig deutlich. Während Kohl und sein Sicherheitsberater Teltschik noch vor Weihnachten 1985 eine Entscheidung über eine bundesdeutsche Beteiligung am SDI-Forschungsprogramm der USA herbeiführen wollen, sucht Außenminister Genscher diese Festlegung möglichst lange hinauszuschieben und eher dem Eureka-Projekt mit Frankreich den Vorzug zu geben (siehe dazu Kapitel 5.2.). Diese Auseinandersetzung zieht sich durch die letzten Wochen und Monate. Ihrem Ausgang wird in Frankreich große Bedeutung beigemessen. Claude Julien sieht bei der Frage SDI oder Eureka nicht nur die technologische, sondern auch die politische Zukunft und gar die bestehende Gemeinschaft auf dem Spiel.[25]

3.3. Die SPD

In der SPD werden von vielen Seiten Erwartungen an die französische Sicherheitspolitik formuliert.
Der bereits erwähnte Kongreß in Mannheim im Juni 1984, mit ‚Memorandum an die französische Linke' und deutsch-französischer Diskussion zur Sicherheitspolitik, förderte das Gespräch eher linker SPD- Abgeordneter mit der Sozialistischen Partei (PS). Deren außenpolitischer Sprecher Huntzinger äußerte Kritik an nebelhaften sicherheitspolitischen Vorstellungen in der Bundesrepublik, man wisse nicht, was die Friedensbewegung wolle.[26] In einer Arbeitsgruppe zur Sicherheitspolitik wurde das Gespräch PS - SPD fortgeführt. Diese erstellte Ende 1984 ein Papier (das leider trotz intensiver Bemühungen nicht zu erhalten war, auch über den Inhalt war nichts Genaueres in Erfahrung zu bringen).
Christian Krause, Ex-General und Mitglied der Kommission für neue Strategien, formulierte drei Vorhaben für Konsultationen mit Frankreich.
1. Ein Beitrag Frankreichs zur Stärkung der konventionellen Verteidigungskraft Europas, um die Atomschwelle zu heben.
2. Ausweitung der europäischen Verantwortung in der NATO, worüber Frankreich und die Bundesrepublik anscheinend einig seien. Aber mehr Verantwortung bedeute auch mehr Ausgaben.
3. Die Teilnahme Frankreichs an den Wiener Verhandlungen über Truppenreduzierung in Mitteleuropa (MBFR). Die Bundesrepublik habe ein besonderes

Interesse an der Klärung dieser Fragen. Wegen der Probleme mit einer ausreichenden Zahl von Wehrpflichtigen müsse die Bundeswehr die Präsenzstärke reduzieren. Das könne durch französische Truppen oder durch Truppenabbau via MBFR ausgeglichen werden.[27]

Horst Ehmke, gleichfalls Mitglied der Strategiekommission, sieht vier Möglichkeiten für eine gemeinsame deutsch-französische Sicherheitspolitik:

1. Frankreich tritt in die Eurogroup der NATO ein.
2. Die Sicherheitspolitik wird in die EG eingebracht.
3. Die WEU wird als Rahmen genommen.
4. Bilaterale Kooperation zwischen Frankreich und der Bundesrepublik.

Die Verwirklichung eines dieser Vorschläge wäre für Ehmke ein großer Fortschritt.[28]

Der ehemalige Bundeskanzler Schmidt äußerte am 28. Juni 1984 vor dem deutschen Bundestag seine Überzeugung, Frankreich könne an der Spitze eines deutsch-französischen Tandems eine Weltrolle spielen. Die Bundesrepublik könne innerhalb einer Woche ihre Truppen durch Mobilisierung von 12 auf 18 Divisionen verstärken, Frankreich könne es auf die gleiche Zahl bringen und dann 12 Divisionen für die gemeinsame Verteidigung Europas bereitstellen. Dies sei zur Abwehr eines Angriffs ausreichend.[29]

Zuvor, im Mai 1984, hatte Schmidt in einem Interview mit den ,Evangelischen Kommentaren' in bezug auf Atomwaffen ausgeführt, Frankreich müsse die Gültigkeit seiner Force de Frappe auf das Gebiet der Bundesrepublik ausdehnen, ohne daß diese ein Mitspracherecht bei der Anwendung der Atomwaffen habe.[30]

Helmut Schmidt erfreut sich seit einiger Zeit einer hohen Wertschätzung in Frankreich, ganz im Gegensatz zu den 70er Jahren, als er gelegentlich ,le Feldwebel' tituliert wurde. Zur Änderung dieser Einschätzung hat er seinen Teil beigetragen. In einem Interview mit der Zeitschrift ,Le débat'[31] gibt sich Schmidt als überzeugter Parteigänger des Primats der deutsch-französischen Freundschaft. Er habe ursprünglich auf England gesetzt, bis er bemerkte, daß für Großbritannien der Ärmelkanal breiter als der Atlantik sei. Dann wendete er sich den USA zu, sei unter Kennedys Einfluß amerikanophil geworden. Aus Enttäuschung über die USA, aber auch wegen der geopolitischen Lage der Bundesrepublik, hoffe er nunmehr auf die deutsch-französische Zusammenarbeit. Wenn die Deutschen mit Rußland redeten, bräuchten sie Frankreich. „Die deutschen Interessen können nur in Übereinstimmung mit Frankreich angemessen verteidigt werden." Frankreich hingegen wolle international eine große Rolle spielen, wozu es allein nicht in der Lage sei. Deshalb müßten sich beide Länder eng aufeinander stützen.[32]

Zur aktuellen Politik und Technologiepolitik bemerkte Schmidt: „Wir praktizieren eine kurzsichtige Politik, indem wir uns bei Raumfahrtprojekten mit den Amerikanern zusammentun, anstatt ausschließlich mit den Franzosen zu kooperieren."

Nun ist schwer einzuschätzen, wie groß der Einfluß Helmut Schmidts innerhalb der SPD noch ist. Es bleibt aber anzumerken, daß die SPD eindeutig Eureka und Hermes unterstützt, der Bundesregierung mangelndes finanzielles Engagement für diese Projekte vorwirft.[33] SDI und Air Land Battle Konzept lehnt die SPD ab, wie großenteils auch die französischen Parteien (siehe Kapitel 6.). In den ‚Gedanken zur Weiterentwicklung der Verteidigungsstrategien in West und Ost' von Andreas von Bülow (an den Antrag des SPD-Parteivorstandes für den Parteitag in Essen, Mai 1984, ‚Für eine neue Strategie des Bündnisses', angehängt), heißt es auf Seite 6: „Eine starke Europäisierung der Verteidigung Westeuropas ist dringend erwünscht, sie setzt ein enges Zusammengehen Frankreichs und Deutschlands voraus."

Anmerkungen

1 Adrets, André: Les relations franco-allemandes et le fait nucléaire dans une Europe divisée, in: Politique Etrangère 3/1984, S. 660;
2 siehe dazu: ‚Memorandum an die französische Linke' und Friedenskongreß in Mannheim, in: ami 7/84, S. IV-21 - 24;
3 Schütze, Walter: Frankreichs Verteidigungspolitik 1953 - 1983. Eine Dokumentation, Frankfurt/M. 1983, S. 28;
4 Rühl, a.a.O., S. 117;
5 Meissner, Lutz: Organigramme (mit Erläuterung) in: NATO – Geschichte, Strategie, Politik, ami 12/82, S. III-173 - 178;
6 Krause, Christian: Perspektiven militärischer Zusammenarbeit zwischen Frankreich und der Bundesrepublik Deutschland, in: Manfrass, a.a.O., S. 303;
7 Schütze, 1983, Dokumentation, a.a.O., S. 10;
8 Rühl, a.a.O., S. 107 und 119;
9 ebenda, S. 143;
10 ebenda, S. 106;
11 ebenda, S. 126 - 138;
12 Le Monde, 19.4.1985;
13 Schütze, Walter: Die Bedeutung der französischen Kernwaffen, in: apuzg, 19.11.1983, S. 7;
14 Seitz, Konrad: Deutsch-französische sicherheitspolitische Zusammenarbeit, in: Europa-Archiv, Folge 22/1982, S. 657- 664;
15 u.a. Fritsch-Bournazel, 1983, a.a.O., S. 119;
16 Seitz, Konrad: La coopération franco-allemande dans le domaine de la politique de sécurité, in: Politique Etrangère 4/1982, S. 979 - 987;
17 ebenda, S. 987;
18 Seitz, in: Europa-Archiv, 1982, a.a.O., S. 657 f;
19 ebenda, S. 660;
20 ebenda, S. 660 ff;
21 in: Die Zeit, 23.3.1984;
22 Die Welt, 17.4.1984;

23 Süddeutsche Zeitung, 4.7.1984;
24 Europa-Archiv, Folge 22/1982, S. D-571;
25 Julien, Claude: Le triangle allemand. Sécurité militaire et technologie de pointe, in: Le Monde diplomatique, juin 1985;
26 ami 7/84, a.a.O., S. IV - 22;
27 Krause, in: Manfrass, a.a.O., S. 305 f;
28 Ehmke, Horst: Une politique européenne indépendante? in: documents 3/1984, S. 3 - 15;
29 Das Parlament, 7.7.1984;
30 nach: Adrets, Politique Etrangère, a.a.O., S. 653;
31 Helmut Schmidt. Un trajet allemand, entretien avec Luc Ferry et Rudolf von Thadden, in: Le débat, n° 35, mai 1985, S. 4 - 30;
32 ebenda, S. 24 f;
33 FAZ, 18.10.1985;

4. Französische Politik um und mit Deutschland

Eingedenk der französischen Devise ‚Kontrolle durch Einbindung' für die Bundesrepublik, die in gewisser Weise auch für die DDR gilt, ist die Deutschlandpolitik Frankreichs zu untersuchen.
Eine der Grundbedingungen französischer Sicherheitspolitik gegenüber Deutschland ist dessen Teilung. Diese Konstante zieht sich auch durch die Politik der Präsidenten der V. Republik. De Gaulle sagte zu Kossygin, man habe es mit der deutschen Wiedervereinigung nicht eilig, man müsse aber den Deutschen die Hoffnung darauf lassen.[1] Pompidou und Giscard d'Estaing vertraten gleichfalls die Beibehaltung der deutschen Teilung.[2]
Eine andere Konstante der französischen Deutschlandpolitik ist die Zusammenarbeit und Freundschaft mit der Bundesrepublik. Diese läuft in multilateralem Rahmen (Westeuropäische Union, Europäische Gemeinschaft, und, stark eingeschränkt, NATO) und im bilateralen Rahmen ab (Elysée-Vertrag, deutsch-französische Gipfel, wirtschaftliche und Rüstungskooperation).
Um es, Pompidou wiederholend, zusammenzufassen: „Man müsse Deutschland im Zaum halten und doch die bestmöglichen Beziehungen zu ihm unterhalten ..."[3] Lange Zeit schien damit die Lösung des Sicherheitsproblems Deutschland gelungen, doch, wie aufgezeigt, kehrte es Anfang der 80er zurück. Hier soll es darum gehen, ob in der französischen Politik gegenüber Deutschland seit 1980 eine Reaktion auf diese Wiederkunft alter Ängste gefunden werden kann.

4.1. Frankreich und die DDR

Wie eingangs erwähnt, hatte durch die Teilung Deutschlands und die feste Einbindung der DDR in den sowjetischen Machtbereich die DDR größtenteils ihren Charakter als Sicherheitsproblem für Frankreich verloren und wurde, wenn auch nicht völlig, Teil des übergreifenden Ost-West-Konflikts. Für de Gaulle, in dessen Geschichtsauffassung mit dem Begriff „état-nation" Staaten bezeichnet werden, die über eine historische Tradition und eine gewisse unerläßliche Ambition verfügen,[4] war die DDR nur ein Rest Preußens und Sachsen, hatte keinen eigenen Stellenwert. Er war entschlossen, die DDR niemals anzuerkennen, sie war für ihn ein künstliches Geschöpf der sowjetischen Besatzer.[2]
Im Zuge der Rücknahme der Hallstein-Doktrin und der Ostpolitik nahm Frankreich diplomatische Beziehungen mit der DDR auf. Doch blieben die Beziehungen auf die mittlere Ebene beschränkt, höchster Besuch aus Paris blieb der DDR, die so sehr nach Anerkennung lechzt, versagt. Das änderte sich auch

nicht unter der Präsidentschaft Giscard d'Estaings. Ein Anzeichen für den Stellenwert der DDR ist der häufige Gebrauch der Bezeichnung Allemagne, wenn man von der Bundesrepublik redet.
Die Ruhe erwies sich, aus französischer Sicht, als trügerisch, die deutsche Frage kehrte zurück. Fontaine interpretiert die Verkabelung der Dresdner Region, damit auch dort bundesdeutsche Fernsehsender empfangen werden können, was bisher durch geographische Hindernisse nicht möglich war, als „trotz allem bestes Symbol des Überlebens einer einzigen deutschen Nation".[5] Das ist sicher eine Überinterpretation, der wahre Grund dafür ist die überproportionale Zahl der Ausreiseanträge aus dem ‚Tal der toten Augen', wie es im DDR-Jargon heißt.
Mit dem neuen Nationalismus in der Bundesrepublik, der in letzter Konsequenz zur Wiedervereinigung führen könnte, rückt die DDR etwas vom Rand des Sicherheitsproblems Deutschland weg.
Frankreich und die DDR beschlossen 1983, im Jahr des Nachrüstungsbeschlusses des Bundestags, die Errichtung von Kulturmissionen in Paris und Ostberlin. Im Januar 1984 weilte der französische Außenminister Cheysson zur Eröffnung des Maison de France, an erster Adresse Unter den Linden gelegen, in Ostberlin.[6] Im Juni 1985 beehrte Premierminister Fabius die DDR mit einem Besuch, bei dem es vor allem um Wirtschaftsfragen ging. Der stagnierende Handel, dessen Gesamtvolumen 1983 und 84 je 4 Mrd. Franc betrug, soll noch 1985 die Zahl von 7 Mrd. und 1988 sogar 15 Mrd. Franc erreichen. Die Süddeutsche Zeitung bemerkte, Fabius habe penibel auf die Einhaltung des Viermächtestatus Berlins für das Protokoll seines Besuchs geachtet.[7] Das gleiche tat Präsident Mitterrand während seines Besuchs in Westberlin am 11.10.1985. Die Frankfurter Allgemeine titelte ‚Mitterrand nimmt Kohl nach Berlin mit'.[8]
Le Monde veröffentlichte im Juni 1985 ein Interview mit Generalsekretär Honecker, in dem dieser die Notwendigkeit des Fortbestehens zweier deutscher Staaten betonte.[9]
Die weitere Entwicklung der französischen Beziehungen zur DDR bleibt abzuwarten, sie wird nicht unwesentlich vom Gang des Verhältnisses Frankreich und Bundesrepublik beeinflußt werden.

4.2. Die restliche Amtszeit Giscard d'Estaings

In der Amtszeit Giscard d'Estaing war das Verhältnis Frankreichs zur Bundesrepublik durch die persönliche Freundschaft des Präsidenten zu Kanzler Schmidt geprägt. Beide kannten sich gut aus ihrer Zeit als Finanzminister und scheinen ein sehr offenes Verhältnis gehabt zu haben.[10]
1980 ging es beiden vordringlich darum, den durch den sowjetischen Afghanistan-Einmarsch für die Entspannung entstandenen Schaden zu begrenzen, die

Entspannung zu retten. In der bereits zitierten Erklärung anläßlich der 35. deutsch-französischen Konsultationen im Februar 1980 heißt es, die Entspannung werde einem zweiten Schlag gleicher Art nicht standhalten. Durch die Ereignisse in Afghanistan sei die Entspannung schwieriger geworden, die sowjetischen Truppen müßten sich zurückziehen. Die europäischen Mächte hätten unter den derzeitigen Umständen besondere Verantwortlichkeiten für das grundlegende Gleichgewicht und die Sicherheit Europas.[11] Das Getreideembargo und der Olympiaboykott des US-Präsidenten Carter erschien Giscard überzogen.[12] Im Mai reiste der französische Präsident nach Warschau, um dort den sowjetischen Parteichef Breschnew zu treffen. Die Vorbereitung dieses Treffens wurde vor der eigenen Regierung und den Partnern geheimgehalten.[13] Laut Fontaine hat Giscard bei diesem Treffen die sowjetische Karte gespielt. „... er ging so weit, ihm zu sagen, er wünsche die Beibehaltung der Teilung Deutschlands und einer engen Zusammenarbeit zwischen Paris und Moskau in dieser Hinsicht."[2] Von diesem Treffen erhoffte sich Giscard ein Stillhalten der PC im Wahlkampf, eine Taktik, die viele Politiker der Rechten schon verfolgt haben. Insgesamt wich Giscards Einschätzung der Bundesrepublik nicht sehr von der Pompidous ab, er fürchtete ebenfalls die wirtschaftliche Kraft Deutschlands, so Fontaine.

Die Reise nach Warschau brachte dem französischen Präsidenten viel Kritik ein. Die Art ihres Ablaufs und ihre Ergebnislosigkeit waren Hauptkritikpunkte, auch wurde Unterwürfigkeit gegenüber der Sowjetunion befürchtet. Die ‚großen Kommentatoren' Aron, Fontaine und Grosser, denen Giscard immer schon zu technokratisch und kosmopolitisch, zu atlantisch war, dem sie Mangel an Geschichtsbewußtsein vorwarfen,[14] konnten ihre Meinung anläßlich dieser ‚impudent voyage' bestätigt finden.[15]

Schütze, Leiter des deutsch-französischen Studienkomitees im IFRI, sieht hinter dieser Reise wahltaktische Gründe, aber auch das Bemühen, den Draht mit Moskau nicht abreißen zu lassen. Zum anderen sieht er in ihr das Ergebnis einer innenpolitischen Blockade der Politik Giscard d'Estaings. Denn die Gaullisten, Kommunisten und Sozialisten, drei Viertel des 1978 gewählten Parlaments, gestatteten weder das Einschwenken auf eine Aktionseinheit im westlichen Bündnis noch die Revision der Ostpolitik.

Im multilateralen Rahmen, auf dem Gebiet der Europapolitik, forderte Giscard d'Estaing wiederholt ein starkes und geeintes Europa, als ausgleichenden Faktor in der Weltpolitik. Seiner Meinung nach sollte die außenpolitische Komponente in der EG, die Europäische Politische Zusammenarbeit (EPZ), gestärkt werden.[16] Konkrete Vorstellungen über die Durchführung fehlten jedoch. In einer Pressekonferenz am 27. 1. 1981 äußerte sich Giscard skeptisch zu den Aussichten für eine Europäische Union. Es gebe keine konkreten Vorschläge, man müsse außerdem am Prinzip der Einstimmigkeit festhalten, was die Gefahr berge, daß Europa sich nach dem Schwächsten der zehn richte und mit leiser, schüchterner Stimme rede. Politische Zusammenarbeit sei nur mit denen möglich, die den Willen dazu hätten.[17]

An der Nachrüstungsentscheidung der NATO war Frankreich nicht beteiligt. Es ist zwar im NATO-Rat, dem obersten politischen Organ, vertreten, aber nicht im Komitee für Verteidigungsplanung, DPC. Giscard äußerte sich offiziell nie zu dem Problem SS-20, eurostrategisches Gleichgewicht und Nachrüstung, ließ aber unter der Hand wissen, man begrüße die Nachrüstung als Beitrag zur Wiederherstellung des eurostrategischen Gleichgewichts.[18]
Von Initiativen im bilateralen Rahmen läßt sich ebenfalls wenig Konkretes berichten. Der verteidigungspolitische Vorstoß von 1976 war abgeblockt worden, die Zielrichtung sowieso eher in Richtung NATO als europäische Verteidigung gegangen (siehe Kapitel 5.1.4.). Das erweiterte Sanktuarium (sanctuaire élargi) und die Elbe als Grenze französischer Unabhängigkeit ließen sich damals innenpolitisch nicht durchsetzen.
Erst nach ihrem jeweiligen Verlust der Macht äußerten Giscard d'Estaing und Schmidt, sie hätten beabsichtigt, anläßlich des 20. Jahrestages des deutsch-französischen Freundschaftsvertrages eine enge Verteidigungsgemeinschaft zu bilden, französisches Militär- und deutsches Wirtschaftspotential zu vereinigen.[19] Giscard d'Estaing wollte, daß man „zu einer Situation gelange, in der der französische Atomschirm beide Ufer des Rheins in gleicher Weise schützen würde".[20] Wie das ungefähr ausgesehen hätte, ist aus den Vorschlägen Schmidts, Kapitel 3.3., ersichtlich.
Insgesamt ist in der Amtszeit Giscard d'Estaing, deren letztem Abschnitt 1980 bis Mai 1981, keine konkrete Reaktion auf das wiedererstandene Sicherheitsproblem Deutschland festzustellen.

4.3. Präsident Mitterrand

François Mitterrand hatte seine Grundpositionen schon vor seinem Amtsantritt kund getan. 1980 gab er Michel Tatu ein Interview, das in Le Monde[21] und in dem Buch ‚Ici et Maintenant'[22] abgedruckt ist, wobei letztere Fassung etwas ausführlicher ist.
Zum Zustand der NATO meinte Mitterrand, die Allianz beruhe auf einer Fiktion: der amerikanischen Intervention in Europa im Fall eines sowjetischen Angriffs. Die Flexible Response-Strategie der NATO habe keinen Sinn. Durch die unzusammenhängende US-Politik könne man nicht von einer gemeinsamen westlichen Strategie reden. Mitterrand verlangte eine „neuerliche Untersuchung der vertraglichen Verpflichtungen innerhalb der atlantischen Allianz".[23] Der Zustand der NATO mache es für Frankreich unmöglich, seine Sicherheit anders als mit einer autonomen Abschreckungsstrategie zu verteidigen. Es gebe einen Widerspruch zwischen der NATO-Strategie und der Strategie der Verteidigung des nationalen Sanktuariums. Auf lange Sicht berge das aber ein Neutralismusrisiko in Hinsicht auf die engsten Freunde. Wenn Frankreich die Solidarität verweigere, könne es auch keine erwarten. Die Neutronenbombe lehnte Mitterrand ab.[24]

Zum Kräftegleichgewicht USA - UdSSR meinte Mitterrand 1979, es gebe im großen ganzen ein Gleichgewicht, die USA schienen auf allgemeiner Ebene eine Überlegenheit erhalten zu haben. Dagegen sei die UdSSR auf europäischer Ebene überlegen.[25] Im September 1981, als Präsident, sah er die Sowjetunion als ab 1985 insgesamt überlegen an. Ab 1990, wenn die US-Rüstungsprogramme griffen, würden dann die USA wieder einen Vorsprung haben.[26]
Die Einschätzung des eurostrategischen Gleichgewichts blieb gleich. 1980 erklärte Mitterrand, mit der SS-20 könne die Sowjetunion in einer Viertelstunde das gesamte europäische Militärpotential vernichten, ohne einen einzigen US-Soldaten zu töten und ohne einen Sowjetsoldaten über die Grenze zu schicken. Die Sowjetunion wolle keinen Krieg, sie habe aber ein Arsenal, das es ihr erlaube, einen Krieg zu gewinnen, ohne ihn zu führen. Der sowjetische Expansionismus bedrohe Frankreich, es müsse seine militärische Verteidigung verstärken.[27] Im selben Interview bezeichnete er die Pershing II als für die Sowjetunion unannehmbar, Verhandlungen seien nötig.
Auf die Frage Tatus, was er von der Tendenz halte, „à faire l'Europe entre la France et l'Allemagne", antwortete Mitterrand, dies sei um so besser für die deutsch-französische Aussöhnung. Er habe schon 1947 am ersten europäischen Kongreß in Den Haag teilgenommen. Von da zur Schaffung einer privilegierten Achse Paris - Bonn sei ein gewisser Abstand. Europa sei das Europa der neun und setze eine „égalité profonde" voraus. Das deutsche Verhalten in der EG sei inkonsistent. Europa müsse sozialistisch sein oder werde nicht entstehen, es dürfe nicht zu einer Freihandelszone verkommen, wie dies Großbritannien wünsche.
Im übrigen hätten die USA nicht aufgehört, „gegen uns einen Wirtschaftskrieg zu führen".[28] Der US-Imperialismus bedrohe nicht Frankreichs Territorium, aber seine landwirtschaftlichen und industriellen Ressourcen.[29] In der ausführlicheren Version des Interviews schätzt Mitterrand das Paar Frankreich - Bundesrepublik nicht besonders aussichtsreich ein. „... die Bundesrepublik, gehalten, wegen ihrer Sicherheit an den USA zu kleben, und, auf halbem Wege, Frankreich, getragen vom Traum oder untätig, hin und her gezogen zwischen seinen beiden Geschichtssträngen, jenem Jean Monnets und jenem Charles de Gaulles."
1979 äußerte sich Mitterrand eindeutig zu der Frage Bundesrepublik und Atomwaffen. Frankreich habe freundschaftliche Beziehungen zur Sowjetunion und verweigere die deutsche atomare Bewaffnung.[30] „Und wer wäre nicht extrem wachsam, damit Deutschland unter keinen Umständen Atomwaffen erhält?"[31]
Dies ist eine Skizzierung der Grundpositionen Mitterrands, soweit sie für diese Arbeit wichtig sind. Dank der starken Stellung des Präsidenten im französischen Regierungssystem setzten sich seine Positionen weitgehend durch und überspielten die Meinungsverschiedenheiten der verschiedenen Flügel der PS (Rocard, Jospin, Chevènement, Mauroy) und die sicherheitspolitisch stark abweichende Meinung der KPF (siehe Kapitel 6.4.). Die KPF erklärte im Rah-

men der Koalitionsvereinbarungen, die Wähler hätten sich für Mitterrands Programm ausgesprochen, deshalb würden die Kommunisten in der Regierung für die Durchführung der sozialistischen Plattform eintreten.[32]
In der Bundesrepublik war man über die Richtung der Politik, die von der französischen Linksregierung eingeschlagen wurde, erstaunt. Schon am 6.6.1981 flog Außenminister Cheysson in die USA, Mitterrand tat dies im Oktober des Jahres. In Le Monde hieß es dazu, „Mitterrand meint, daß die ‚französisch-amerikanische Freundschaft' nicht durch die ‚Meinungsverschiedenheiten' der beiden Länder bedroht sei".[33] Außerdem versäumte Mitterrand keine Gelegenheit, seine Besorgnis über das Ungleichgewicht in Europa, die ‚chantage soviétique' und die Notwendigkeit der Nachrüstung zur Wiederherstellung des Gleichgewichts zu betonen. Besonders das Interview mit dem ‚Stern' (9.7.1981) löste Verwunderung bis Verärgerung aus, Mitterrand erschien weitaus atlantischer als Giscard d'Estaing, das Verhältnis Frankreichs zu den USA besser denn je.[34] Im Juni 1983 tagte gar, erstmalig seit 1966, der Atlantik-Rat in Paris, Mitterrand betonte das Festhalten an der Nachrüstung und der Reaganschen Nulloption für die Genfer Verhandlungen zur Wiederherstellung des Gleichgewichts in Europa.[35]
Vor diesem Hintergrund ist die Politik Mitterrands darauf zu untersuchen, ob in ihr ein Eingehen auf die Verschlechterung der Lage im Sicherheitsfeld Bundesrepublik festzustellen ist. Das soll zunächst mit der Politik im multinationalem Rahmen, in EG und WEU, dann auf bilateralem Feld, wie es durch den Elysée-Vertrag vorgegeben ist, geschehen. Dabei ist auch auf Berichte von Geheimverhandlungen zwischen Frankreich und der Bundesrepublik über die Stationierung des Hades-Raketen-Systems auch in der Bundesrepublik, mit gewissem Mitspracherecht für die Bundesregierung, einzugehen (Mitterrand looks to Germany[36]). Diese Verhandlungen, oder die Berichte darüber, könnten ebenso innerhalb des nächsten Kapitels, der französischen Verteidigungspolitik, abgehandelt werden, sollen aber hier erscheinen, weil es in erster Linie um den politischen Aspekt der Angelegenheit geht, nicht so sehr um den militärischen Anteil.

4.3.1. Die Europapolitik unter Mitterrand

Die Europäische Gemeinschaft ist wichtiger Teil der Einbindung der Bundesrepublik in den Westen. Seit 1972 wird in ihr im Rahmen der Europäischen Politischen Zusammenarbeit (EPZ) über Außenpolitik geredet. Verteidigungspolitische Fragen werden im Rahmen der EG nicht erörtert, sie hat auf diesem Gebiet keine Kompetenz.
Nach den Erfahrungen mit dem gescheiterten EVG-Projekt der 50er Jahre ist man in Frankreich der Meinung, es könne keine europäische Verteidigung im Sinne einer europäischen Atomstreitmacht mit einheitlichem Oberbefehl ge-

ben, ohne daß zuvor der politische Zusammenschluß erfolgt sei. „Die militärische Vereinigung kann nicht vor der politischen erfolgen", schreibt Grosser.[37] Dieser Standpunkt wurde auch von Generalstabschef Lacaze 1984 vor dem IHEDN vertreten.[38] Präsident Mitterrand fragte im gleichen Sinn: „Kann man sich eine von einer politischen Macht unabhängige militärische Macht vorstellen?"[39] Denn die Frage ist, wer in einer europäischen Streitmacht die Verantwortung für den Atomwaffeneinsatz übernimmt. „Le nucléaire ne se partage pas", also muß zuvor die politische Einigung erfolgen.

In Politique Etrangère 2/85 wurde eine Bilanz der französischen Außenpolitik seit 1981 gezogen. In dem Artikel zur Europapolitik[40] werden drei Hauptfunktionen der französischen Europapolitik seit 1950 genannt:

– Bundesrepublik überwachen und einbinden;
– die französische Wirtschaft anpassen und wettbewerbsfähig machen;
– Hebel für internationale Rolle Frankreichs, da es selbst endgültig Mittelmacht geworden ist.[41]

Mitterrand war unter dem Anspruch angetreten, Europa müsse sozialistisch sein, d.h. für die Arbeiter spürbare Verbesserungen bringen. Doch die EG-Politik blieb in ihrem Kleinkrieg um die Agrarpolitik und die Auseinandersetzungen wegen des britischen Verlangens nach Beitragsrückzahlung und wegen der Beitrittsverhandlungen für Spanien und Portugal verstrickt. Im letzteren Fall hatte Frankreich erhebliche Bedenken,[42] die auch schon Giscard d'Estaing vertreten hatte.[43] 1981 und 1982 tat sich auf dem Feld der Europapolitik nicht viel,[44] 1983 wurde versucht, die Budgetprobleme und Beitragsstreitigkeiten aus dem Weg zu räumen, doch der EG-Gipfel in Athen (4. - 6.12.) war ein Mißerfolg. Beim Stuttgarter Gipfel wurde als Ersatz für die Initiative der Außenminister Genscher und Colombo von 1981, die EPZ im Ministerrat der EG zu verankern, eine ‚feierliche Erklärung zur Europäischen Union' verfaßt. Die wirtschaftlichen und politischen Aspekte der Sicherheit sollten damit in der EG verankert werden.[45]

Im ersten Halbjahr 1984 fiel der Vorsitz im Europarat turnusgemäß an Frankreich, aber die obengenannten Probleme bestimmten weiterhin die EG-Politik. In Brüssel, im März 1984, erzielte man wiederum keine Einigung, in Fontainebleau, am 24./25. Juni, konnte man wenigstens die Beitragsstreitigkeiten aus dem Weg räumen. Hier wurde auch die Einsetzung des Dooge-Komitees beschlossen, das Vorschläge für eine Europäische Union ausarbeiten sollte. Mitterrand schickte als französischen Vertreter Maurice Faure in das Komitee. Das hatte Symbolwert, denn Faure war einer der Unterzeichner der römischen Verträge von 1957. Im Komitee ergab sich sehr bald ein Konflikt zwischen denen, die weitergehende Vorschläge durchbringen und künftig nach dem Mehrheitsprinzip entscheiden wollten, und der Minderheit, bestehend aus Großbritannien, Dänemark und Griechenland, die am alten Einstimmigkeitsprinzip festhielten.[46]

Dem war eine Rede Präsident Mitterrands vor dem Europaparlament in Strassburg, am 24. Mai 1984, vorausgegangen. In dieser Rede sprach Mitterrand vom Projekt eines Vertrages über eine Europäische Union, nach dem Vorbild des Projekt Spinelli, in der auch die gemeinsame Verteidigung enthalten sein sollte.[47]

Fontaine sieht hier Mitterrand erstmals von seiner gaullistischen Linie in der Außenpolitik abweichen, meldet gleichzeitig Zweifel ob der britischen Beteiligung an einer und des bundesdeutschen Enthusiasmus für eine Föderation an, wenn auch Kanzler Kohl oft von den Vereinigten Staaten von Europa rede. Ein weiteres Problem sei die Teilhabe der Bundesrepublik an Atomwaffen. Fontaine attestiert Mitterrand Konstanz in dem Bereich Europa: „... Wenn es auf seinem eher gebrochenen Weg eine Konstante gibt, dann ist das sein Festhalten an Europa, das er als einzige Möglichkeit ansieht, um zwischen die Frontstellung der Supermächte eine Kraft des Friedens schieben zu können ...“[48].

Für die Gipfelkonferenz in Mailand (29. - 30.6.1985) lagen ein italienischer Reformentwurf, ein britisches Paket mit Vorschlägen zur Weiterentwicklung der EG und das deutsch-französische Projekt für eine Europäische Union vor. Daneben unterbreitete Frankreich ein Memorandum mit Vorstellungen zur Intensivierung der europäischen Kooperation auf breiter Basis (Europa der Technologie, wirtschaftliches und soziales Europa, das Europa der Bürger, auf dem Weg zur Europäischen Union).[49] Der Entwurf zur Europäischen Union enthielt bei genauerem Hinsehen nur eine Intensivierung der EPZ (Artikel 1, 2, 4 - 7), die Umbenennung der europäischen Gipfel von ‚Europäischer Rat‘ in ‚Rat der Europäischen Union‘, verstärkt durch ein Generalsekretariat (Artikel 3, 10, 11). Die Zusammenarbeit in Fragen der Sicherheit solle verstärkt werden, interessierte Staaten werden an die WEU verwiesen, die Rolle des Bündnisses müsse beachtet werden.[50] Der Titel ‚Vertrag für eine Europäische Union‘ erscheint angesichts des mageren und kaum verändernden Inhalts etwas hochgegriffen.

Allem Anschein nach hat die Bundesregierung den französischen Tatendrang gebremst. „Die deutsche Schwäche überwinden. Der Abstand zwischen dem Willen Mitterrands zur Gemeinschaft und dem Schwanken Kanzler Kohls behindert den Fortschritt“, schrieb Grosser nach Mailand.[51] Er bescheinigte Mitterrand den Willen zu Fortschritten im institutionellen Bereich, der zumindest seit Frühjahr 1984 vorhanden gewesen sei, und mehr Kohärenz in der Verteidigungspolitik. Kaum seien die Befürchtungen im Zusammenhang mit der deutschen Frage in Frankreich beruhigt, kehre der Eindruck wieder, „daß die Bundesrepublik stets auf jeden eindringlichen Appell von der anderen Seite des Atlantik eingehen werde“. Kanzler Kohl lasse eher an Ludwig Erhard denn an Konrad Adenauer denken.

Vor dem Mailänder Gipfel hatte die Bundesregierung erstmalig das von ihr ansonsten bekämpfte Vetorecht bemüht, um eine Senkung des Getreidepreises zu verhindern. Während in der Geschichte der EG die Bundesrepublik für das Mehrheitsprinzip eingetreten war und Frankreich bis 1984 die Einstimmigkeit beibehalten wollte, waren nun die Fronten verkehrt, was natürlich französische Verärgerung auslöste. Hinzu kam noch der Bonner Weltwirtschaftsgipfel, mit

Meinungsverschiedenheiten wegen einer neuen GATT-Runde, die Frankreich nicht wollte, und den Begleitumständen dieser Querelen, nicht zu vergessen der Besuch des US-Präsidenten Reagan auf dem Soldatenfriedhof in Bitburg, auf dem SS-Soldaten begraben liegen, die an dem Massaker in Oradour-sur-Glane beteiligt gewesen sein sollen.[52] Die Bundesregierung hatte nachdrücklich auf diesem Teil des Reagan-Programms beharrt. Am Vorbereitungsgipfel der westlichen Staaten für das Treffen Reagan – Gorbatschow im Oktober 1985 nahm Mitterrand nicht teil, die Teilnahme an weiteren, Weltwirtschaftsgipfel genannten, Treffen der zehn stärksten westlichen Nationen stellte er in Frage.[53] Statt nach New York zum Gipfel der sieben zu fliegen, empfing Mitterrand lieber Gorbatschow in Paris.

Die Probleme zwischen Frankreich und der Bundesrepublik wurden auch durch häufige Treffen von Kohl und Mitterrand nicht ausgeräumt (Konstanz im Mai, Bregançon im August, turnusmäßige Konsultationen vom 8. - 9.11.85), weitere umstrittene Punkte sind die Haltung zu SDI, das Eureka-Projekt, Raumfahrt und Rüstungskooperation (siehe Kapitel 5.2.).

Um auf die Fragestellung einzugehen, unter der die französische Europapolitik betrachtet wurde, kann festgehalten werden, daß ab Frühjahr 1984 ein starkes Bemühen Frankreichs zu verzeichnen ist, die europäische Einigung voranzutreiben und auch den Bereich der Verteidigung in diesem Rahmen mit einzubringen. Dahinter kann durchaus der Wille gesehen werden, über eine institutionelle Stärkung der Europäischen Gemeinschaft die Bundesrepublik stärker einzubinden, wenn dies auch sicherlich nicht der einzige Grund für die französischen Initiativen ist.

4.3.2. Die Westeuropäische Union (WEU)

Die WEU ist primär als Instrument zur Kontrolle der Bundesrepublik geschaffen worden. Nach dem Scheitern der EVG 1954, bei der die Einbindung der aufzustellenden bundesdeutschen Truppen mit einem gewissen Souveränitätsverlust Frankreichs erkauft worden wäre, weshalb das französische Parlament die EVG ablehnte, mußte die Wiederbewaffnung der Bundesrepublik, auf der die USA und Großbritannien bestanden, auf andere Art geregelt werden. Mit dem WEU-Vertrag wurde am 23. Oktober 1954 das Ergebnis der Verhandlungen darüber unterzeichnet.[54] Vorläufer der WEU war der Brüsseler Pakt von 1948, dem Frankreich, Großbritannien, Belgien, Luxemburg und die Niederlande angehörten.

„Auf der einen Seite der deutsche Faktor, der seit dem Ende des zweiten Weltkriegs eines der bestimmenden Elemente der französischen Sicherheitspolitik geblieben ist, in der die WEU eine Funktion hatte und hat; 1954 ermöglichte es die WEU in der Tat, die französische Beunruhigung gegenüber der deutschen Wiederbewaffnung zu dämpfen."[55]

Artikel 4 des WEU-Vertrags bestimmt, die Schaffung bündniseigener militärischer Organe sei unerwünscht, die militärischen Aufgaben werden der NATO übertragen. Artikel 5 regelt die Beistandspflicht, die umfassender ausfällt als im NATO- Vertrag. Die Unterzeichner des Vertrags sind zu militärischem Beistand für einen angegriffenen Mitgliedsstaat der WEU verpflichtet.
Organe der WEU sind die Parlamentarische Versammlung (mit 89 Parlamentariern, die auch dem Europarat angehören), der WEU-Rat, bestehend aus den Außenministern, mit angegliedertem Rüstungskontrollamt, und der ständige Rüstungsausschuß.[56]
Im Rahmen des WEU-Vertrags wurden der Bundesrepublik Rüstungsbeschränkungen auferlegt. In letzter Minute verzichtete die Bundesrepublik auf die Herstellung von ABC-Waffen auf eigenem Boden, für Frankreich eine Voraussetzung für den Abschluß des Vertrags. Allerdings ist der Verzicht mit der Einschränkung ‚rebus sic stantibus' versehen, d.h. beim Eintritt von veränderten Bedingungen gegenüber dem Zeitpunkt des Vertragsabschlusses verliert die Bestimmung ihre Gültigkeit.[57] Im Anhang des Vertrages wurden die Einschränkungen für die Produktion bestimmter konventioneller Waffen für die Bundesrepublik geregelt. Protokoll III, Anlage III, Absätze IV, VI untersagten der Bundesrepublik die Produktion von Flugkörpern großer Reichweite, Lenkflugkörpern, strategischen Bombern, Kriegsschiffen über einer Tonnage von 7 000 BRT, Anlage IV regelte die mengenmäßige Kontrolle bestimmter Waffen.[58]
Aber auch Frankreich sollte einige Kontrollen akzeptieren. Die Bestimmungen sahen vor, die Zahl der Atomwaffen der einzelnen Mitgliedsländer vom WEU-Rat festlegen zu lassen, die militärischen Atomeinrichtungen sollten vom Rüstungskontrollamt und Euratom überwacht werden. Frankreich entzog sich jedoch diesen Kontrollen der Atomwaffen.[59]
Später, nach dem Austritt aus der NATO-Integration, war Frankreich am meisten den WEU-Kontrollen unterstellt, zumindest formal, denn die WEU überwacht nur die Streitkräfte, die nicht der NATO unterstellt sind.[60]
Die WEU lag lange Jahre im Dornröschenschlaf, unterbrochen nur 1973 durch den vergeblichen Versuch des Außenministers Jobert, dieser Institution neues Leben einzuhauchen.[61]
Das änderte sich mit der Amtsübernahme der Linkskoalition in Frankreich.
Außenminister Cheysson verwies am 17. November 1981 auf die WEU als Rahmen für die europäische Verteidigung, die EG sei dafür ungeeignet. Am 1.12.1981 hielt der Staatssekretär im Verteidigungsministerium, Lemoine, eine Rede vor der WEU-Versammlung, in der er die WEU als Rahmen für eine stärkere europäische Komponente in der Verteidigung vorschlug.[62]
Im WEU-Vertrag, so Lemoine, sei die militärische Beistandspflicht festgeschrieben (Artikel 5). Die sieben Mitglieder seien gleichzeitig auch in der EG und der NATO vertreten. „Darum ist die Ansicht nicht unlogisch, daß sich eines Tages die Notwendigkeit ergeben wird, den Arbeiten der Organisation einen substantiellen Inhalt zu geben."[63] Die WEU sei der natürliche Ort zur Dis-

kussion der Europa betreffenden Verteidigungsfragen. Es gebe drei Wege, ihre Handlungsfähigkeit zu verstärken:

1. Ausweitung der Arbeitsthemen der WEU-Versammlung, diese könne sich z.B. mit Friedensbewegung und dem Gleichgewicht USA - UdSSR beschäftigen.
2. Verstärkung der Rolle des ständigen Rüstungsausschusses. Dieser könne für die Madrider KSZE-Konferenz (Konferenz über Sicherheit und Zusammenarbeit in Europa) eine Studie über Landstreitkräfte in Europa, vom Atlantik bis zum Ural, ausarbeiten. Der Rüstungsausschuß solle die Themen jeweils von der Versammlung zugewiesen erhalten.
3. Die Versammlung solle dem Rat der WEU empfehlen, welche der Berichte dem Europäischen Parlament übermittelt werden.[64]

Am 30. November 1982 betonte Verteidigungsminister Hernu vor der WEU-Versammlung nochmals die Bedeutung der WEU als politischem Rahmen für europäische Verteidigungspolitik.[65]
Im Dezember 1983 setzte sich Hernu vor demselben Gremium nachdrücklich für die Stärkung der WEU ein. Eine stärkere WEU bedeute keinen Gegensatz zu den USA, es sollten vor allem gemeinsame Rüstungsprojekte vorangetrieben werden. Frankreich sei bereit, für den Frieden seiner Verbündeten dieselben Risiken zu übernehmen wie zur Verteidigung der eigenen Freiheit.[66] Auf deutscher Seite stand man den französischen Wiederbelebungsversuchen zunächst skeptisch gegenüber. Einerseits sah man in der Geschichte der WEU als Kontrollorgan für die Bundesrepublik ein Hemmnis. Andererseits war die WEU von Frankreich für Versuche benutzt worden, Europa gegen die USA auszuspielen. Das hatte nun aufgehört, von französischer Seite und in den WEU-Papieren wurde immer wieder betont, die WEU könne kein Ersatz für die NATO sein.[67] Die Bundesrepublik hatte jedoch ein Interesse am Wegfall der Rüstungsbeschränkungen. Das Auswärtige Amt hatte auf mittlerer diplomatischer Ebene immer wieder die Abschaffung der Restriktionen gefordert.[68] Der Wegfall der Beschränkungen wurde von der Bundesregierung zur Bedingung für die Aufwertung der WEU gemacht. Es kam also zu einer Art deutsch-französischem Tauschhandel. Aufhebung der Produktionsverbote für weitreichende Raketen und strategische Bomber gegen Aufwertung der WEU.
Am 12. Juni 1984 einigten sich die Außenminister bei der ersten Sitzung des WEU-Rats seit 11 Jahren auf die Reaktivierung.[69] Ende des Monats verabschiedete die WEU-Versammlung Empfehlungen für die Sitzung des WEU-Rats im Oktober anläßlich des 30jährigen Jubiläums der Brüsseler Verträge, auf der die Belebung der Westeuropäischen Union formell beschlossen wurde.[70]
Darin heißt es, der europäische Pfeiler innerhalb der NATO müsse gestärkt werden, Ziel sei die Verbesserung der Kooperation mit den Vereinigten Staaten. Dazu solle im einzelnen:
– der WEU-Rat um die Verteidigungsminister erweitert werden und sich

mindestens zwei Mal pro Jahr treffen, insbesondere um die NATO-Ministerratstagungen vorzubereiten,
- der Ständige Rüstungsausschuß den Rat in den Fragen einer neuen europäischen Politik im Bereich konventionelle Waffen, neue Technologien und den Fundamenten einer defensiven Verwendung der Weltraumtechnik unterstützen und ihm zuarbeiten,
- das Amt für Rüstungskontrolle für den Rat Studien zu Problemen von Abrüstung und Rüstungsbeschränkung erstellen.

Als Anpassung der WEU an die Erfordernisse der 80er Jahre wird „die Beseitigung der Kontrollen der in den Anlagen II und IV des Protokolls Nr. VII aufgeführten konventionellen Waffen" empfohlen. Dieser Empfehlung wurde bereits am 27.6.1984 entsprochen. Die Sowjetunion reagierte darauf recht heftig.
In dem Teil der Empfehlung zur militärischen Nutzung des Weltraumes heißt es, die WEU könne der Rahmen für die Einleitung eines defensiven europäischen Weltraumprogrammes sein. Es wird explizit ein Programm für europäische Überwachungs- und Aufklärungssatelliten vorgeschlagen. Mitterrands Aufruf vom 7.2.1984 zu einer ‚Europäischen Raumgemeinschaft' und seine Bemerkung über eine bemannte europäische Raumstation wurden „zur Kenntnis genommen".[71]
Im Oktober 1984 wurden diese Empfehlungen vom WEU-Rat formell beschlossen und durch eine politische Grundsatzerklärung, die ‚Erklärung von Rom', ergänzt. Neben der Stärkung des europäischen Pfeilers im Bündnis und der Schaffung eines politischen Organs für die europäische Verteidigung war Rüstungskooperation der wichtigste Punkt.[72]
Gnesotto, Mitarbeiterin des IFRI, sieht den Vorgang so: „1984 verdankt sie (die WEU) ihre Reaktivierung großenteils gegenteiligen Ängsten vor einer anderen Gefahr: der Versuchung des Neutralismus in der Bundesrepublik."[73] Für die Strategiedebatte mit der Bundesrepublik werde Frankreich aber den bilateralen Rahmen wählen.[74]

4.3.3. Der Elysée-Vertrag und seine militärischen Bestimmungen

Der deutsch-französische Freundschaftsvertrag von 1963, oft Elysée-Vertrag genannt, enthielt weitgehende Bestimmungen zur militärischen Zusammenarbeit.
Unter ‚B. Verteidigung' heißt es: „1. Auf dem Gebiet der Strategie und der Taktik bemühen sich die zuständigen Stellen beider Länder, ihre Auffassungen einander anzunähern, um zu gemeinsamen Konzeptionen zu gelangen. Es werden deutsch-französische Institute für operative Forschung errichtet."[75] Militärisches Personal, insbesondere Schüler und Lehrer von Militärakademien, sollte

verstärkt ausgetauscht werden, die Rüstungskooperation bereits im Planungsstadium beginnen. Die Verteidigungsminister sollten sich wenigstens alle drei, die Generalstabschefs alle zwei Monate treffen.

Die militärischen Bestimmungen des Elysée-Vertrags wurden nicht ausgefüllt. Das hat seinen Grund in einem Veto der USA. Frisch weiß zu berichten, Präsident Kennedy habe die beiden deutschen Sendboten praktisch vor die Tür gesetzt, ohne deren Erläuterungen zum Vertrag zur Kenntnis zu nehmen. Einige Monate später, im Juni 1963, weilten der Außen- und der Verteidigungsminister der Bundesrepublik in den USA. Bei dieser Gelegenheit wurde beschlossen, die Anwendung der militärischen Bestimmungen des Elysée-Vertrags zu verhindern.[76] Vom Bundestag wurde eine einseitige Präambel zum Vertrag verabschiedet, die den militärischen Teil bedeutungslos machte und de Gaulles Absichten völlig zuwiederlief.[77]

Zum Verständnis dieser Vorgänge ist der historische Hintergrund notwendig. Seit Gründung der V. Republik strebte die französische Politik mehr Unabhängigkeit von den USA an, dazu wurde u.a. die Schaffung der Force de Frappe beschlossen, vor dem Hintergrund der Einschätzung, von der Sowjetunion gehe keine unmittelbare Gefahr mehr aus. Daneben gab es Bestrebungen der Bundesrepublik, Zugriff zu Atomwaffen zu erhalten.[78] Die USA versuchten, eigenständige französische und britische Atompotentiale zu verhindern, respektive einzubinden, sowie der Bundesrepublik den Zugang zu Atomwaffen zu verwehren. Dazu wurde von den USA das Multi-Lateral Force-Projekt (MLF), erdacht vom Harvard-Professor Bowie, auf den Tisch gebracht, das die Stationierung von Atomwaffen auf See, in einer gemeinsamen Flotte von Überwasserschiffen, vorsah, unter letztlicher Verantwortung der USA.[79]

Frankreich verstand anfangs seine (noch sehr schwache) Atombewaffnung als ‚détonateur', der, im Falle amerikanischen Zögerns durch seinen Gebrauch die USA zum Einsatz ihrer Atomwaffen zwingen sollte. Die USA wollten das nicht akzeptieren, Verteidigungsminister McNamara ließ sogar durchblicken, man könne gezwungen sein, die Atomwaffen kleiner Staaten im Konfliktfall mit einem präventiven Schlag auszuschalten.[80] Im Rahmen der unabhängigen Militärpolitik wollte Frankreich eng mit der Bundesrepublik zusammenarbeiten. Diese sah sich vor die Wahl zwischen den USA und Frankreich als Hauptverbündetem gestellt – und lehnte diese Wahl ab, so Seitz.[81]

Mit den Veränderungen der Rahmenbedingungen der Sicherheitspolitik Ende der 70er Jahre ergaben sich günstigere Konditionen für eine engere deutsch-französische Zusammenarbeit im Verteidigungsbereich. Nicht nur für Frankreich stellte sich die deutsche Frage neu, auch die USA hegten Befürchtungen wegen eines deutschen Neutralismus,[82] die bis heute bestehen. So mußte Außenminister Genscher während seines USA-Besuchs im Oktober 1985 im Kongreß auf Fragen nach einem deutschen Neutralismus antworten.[83]

Unter den veränderten Bedingungen konnte der Elysée-Vertrag belebt werden. Im Kommuniqué der 39. deutsch-französischen Konsultationen zwischen Kanzler Schmidt und Präsident Mitterrand, vom 25. Februar 1983, heißt es, beide Seiten wollten im Geist des deutsch-französischen Freundschaftsvertrags „einen vertieften Meinungsaustausch über Sicherheitsfragen führen".[84] Diese Absicht wurde durch den Regierungswechsel in Bonn im Herbst 1982 nicht gestört.

Vom 20. - 22. Oktober 1982 trafen sich erstmals Kanzler Kohl und Präsident Mitterrand. Bei der gemeinsamen Pressekonferenz verkündete Kohl, die jeweiligen Außen- und Verteidigungsminister hätten am Vortag konferiert. „Diese Gespräche erlauben es, daß die Bestimmungen des deutsch-französischen Vertrages von 1963 zur Verteidigung Anwendung finden, die zum Ziele haben, die Auffassungen beider Länder einander anzunähern und zu gemeinsamen Konzeptionen zu gelangen. Die beiden Seiten halten an ihrer Meinung fest, daß beide Teile des Doppelbeschlusses von 1979 im Interesse der gemeinsamen Sicherheit von gleicher Bedeutung sind."[85]

Die Vereinbarungen sehen vor, daß Außen- und Verteidigungsminister der beiden Länder sich zweimal jährlich treffen, in der Zwischenzeit arbeitet ein ständiger Konsultationsausschuß mit verschiedenen Arbeitsgruppen.

Kohl weiter: „Aber um jedem Mißverständnis vorzubeugen, will ich natürlich klar herausstellen, daß die enge Kooperation mit den Vereinigten Staaten in allen diesen Bereich betreffenden Fragen ebenso notwendig wie selbstverständlich ist. Es gibt für die Bundesregierung in den Fragen der Sicherheit, speziell bezogen auf den jetzt ausgesprochenen Fragenkomplex, keine Politik des Entweder - Oder, sondern nur eine Politik des Sowohl - Als auch."[86]

Zum 20. Jahrestag des deutsch-französischen Vertrags sprach Präsident Mitterrand am 20.1.1983 vor dem Bundestag, Kanzler Kohl am 21.1.1983 vor der französischen Nationalversammlung.[87] Während die Rede Kohls kein großes Echo hervorrief, erregte die Mitterrands Aufsehen. Der französische Präsident unterstützte vor der deutschen Öffentlichkeit noch einmal nachdrücklich den NATO-Doppelbeschluß zur Nachrüstung, und dies gegenüber einer zögerlich ablehnenden SPD, Bruderpartei von Mitterrands sozialistischer Partei, im Wahlkampf für die Bundestagswahl im März des Jahres 1983.

Dominique Moisi, Chefredakteur von Politique Etrangère, nennt als Grund für Mitterrands Rede die Angst vor dem Abgleiten der Bundesrepublik, vor einer „tiefgreifenden Veränderung der deutschen Gesellschaft. ... Der französische Präsident beabsichtige, einem möglichen Abgleiten von historischer Dimension mit einer deutlichen Intervention Einhalt zu gebieten".[88] Dieser Beweggrund kann auch für die Belebung der militärischen Bestimmungen des deutsch-französischen Vertrags unterstellt werden, damit ist das System der Kontrolle durch Einbindung etwas umfassender geworden.

4.3.4. Die Verhandlungen über Hades- Stationierung in der Bundesrepublik

Frankreich schließt, wie mehrfach festgestellt, den Besitz von Atomwaffen für die Bundesrepublik aus, das ist fester Bestandteil seiner Sicherheitspolitik. Doch gibt es unterhalb der Schwelle des direkten Zugriffs vielerlei Möglichkeiten der Zusammenarbeit auf militärisch-atomarem Gebiet.
Eine davon ist ein Zweischlüsselsystem für taktische Atomwaffen. 1974, anläßlich der Einführung der Pluton-Raketen (120 km Reichweite) ging die Debatte darum, ob ein Teil davon auf bundesdeutschem Gebiet stationiert werden sollte, denn die Pluton waren der 1. Armee asigniert, deren 2. Corps in Südwestdeutschland stationiert ist (Hauptquartier in Baden-Baden). Schließlich wurden alle fünf Pluton-Regimenter auf französischem Boden stationiert.[89]
1979 wollten General Buis und Admiral Sanguinetti, beide Gaullisten, die Atomwaffen mit der Bundesrepublik teilen. Frankreich könne alleine die Anstrengungen für die qualitative Verbesserung der Atomwaffen nicht finanzieren, die Bundesrepublik sehe den US-Atomschutz schwinden, es gebe eine Neutralismus-Gefahr, also löse man die Probleme, indem man französische atomare Verteidigung und deutsche Industrie miteinander verbinde.[90] In der französischen Öffentlichkeit wurde dieser Vorschlag entschieden abgelehnt.
Ein eifriger Verfechter des Zweischlüssel-Systems ist Michel Tatu, Strategieexperte von Le Monde. Er unterstützte die Gedanken von Buis/Sanguinetti und sah im Nachrüstungsbeschluß eine versäumte Gelegenheit für „die Stationierung entsprechender Raketen, die in Zusammenarbeit von Paris und Bonn gebaut und deren Einsatz einem deutsch-französischen Zweischlüssel-System unterworfen wäre, in der BRD“.[91]
Dieser Überzeugung blieb Tatu treu. Seine Vorstellung von einer Beteiligung der Bundesrepublik an Frankreichs Atomwaffen ist, die strategischen Atomwaffen sollten allein unter französischem Befehl bleiben. Auf der zweiten Ebene, bei taktischen Atomwaffen, sollten Frankreich und die Bundesrepublik übereinkommen, einige hundert Atomwaffenträger vor allem in der Bundesrepublik zu stationieren. Diese Atomwaffen sollten von Frankreich gebaut und teilweise von der Bundesrepublik bezahlt werden, mittlere Reichweite haben, die Sowjetunion erreichen können und wesentlich zur Zerstörung von WVO-Truppen dienen. Die Bundesrepublik solle nur ein Vetorecht beim Einsatz haben, kein Schußrecht, was wegen der Sowjetunion wichtig sei.[92]
Die Frage, ob diese Vorstellungen Basis der deutsch-französischen Geheimverhandlungen waren, kann nicht geklärt werden, bliebe Spekulation. Jedenfalls scheint Tatu kein schlechtes Verhältnis zu Mitterrand zu haben, der mit Tatu das erwähnte programmatische Interview durchführte.[93]
Im Vorfeld des Treffens Kohl - Mitterrand im Oktober 1982 gab es Spekulationen über Verhandlungen wegen einer weitgehenden deutsch-französischen atomaren Zusammenarbeit, die der französische Präsident dementierte. „Die

Möglichkeit, von Deutschland einen finanziellen Beitrag zur Entwicklung der französischen Atommacht zu erhalten, zu fordern oder auch nur daran zu denken, ist ebensowenig angesprochen worden. ... Den Gesprächsstoff lieferte im wesentlichen die Modernisierung der taktischen französischen Atomwaffen ... Dabei haben wir vor allem festgestellt, daß Sicherheitsprobleme, die die Bundesrepublik betreffen und von Frankreich abhängen, vorher von der Bundesrepublik und Frankreich gemeinsam untersucht werden müssen."[94]

Die Hades-Rakete, ab 1992 zu stationierende Nachfolgerin der Pluton, ist ein solches Sicherheitsproblem, das von Frankreich ausgeht und die Bundesrepublik betrifft. Ihre Reichweite sollte ursprünglich 250 km betragen, sie wurde vom Conseil de Défense 1982 auf 350 - 400 km gesteigert, um sie über die Bundesrepublik hinausreichen zu lassen.[95]

Es spricht einiges dafür, daß dieses System 1983 im Mittelpunkt intensiver deutsch-französischer Verhandlungen stand, die unter Ausschluß der Öffentlichkeit stattfanden.[96] In einem Artikel in der Washington Post mit der Überschrift „Mitterrand looks to Germany"[97] werden die französischen Befürchtungen wegen eines deutschen Neutralismus, auch von den USA geteilt, beschrieben und Mitterrands Bemühungen, die militärischen Verbindungen zur Bundesrepublik zu stärken, wie z.B. über den Elysée-Vertrag oder mit der Force d'Action Rapide (FAR). Weiter heißt es, viel delikater sei die Frage, „whether the Hades missile, still under development, should be based in both countries and, if so, whether Bonn should have some control over its firing. ‚We're not even whispering about that except behind locked doors', one French official told us. ... The Reagan administration is giving silent encouragement to Mitterrand; ..." Offensichtlich fehlte auf deutscher Seite das Interesse an einem solchen, angesichts der sonstigen französischen Ablehnung ähnlicher Vorstöße weitgehenden Schritt. In Newsweek, 2. Januar 1984, ist unter der Überschrift „The Allies drift to Independence" zu lesen, Mitterrand „has been quietly urging the West Germans to explore the possibility of a European-based defense force parallel to but independent of NATO. ... But West German Chancelor Helmut Kohl has shown little interest in the kind of close cooperation that might draw Bonn farther apart from Washington."

Ein weiterer Hinweis findet sich in Politique Etrangère. In der Ausgabe 3/1984 steht der bereits angeführte Aufsatz von André Adrets ‚Les relations franco-allemandes et le fait nucléaire dans une Europe divisée'. Der Name André Adrets ist ein Pseudonym, dahinter verbirgt sich François Heisbourg,[98] Diplomat und Berater des Verteidigungsministers Hernu für technische Fragen. Mittlerweile ist Heisbourg Direktor eines Elektronikkonzerns.[99] In seinem Artikel geht es auch um ‚Le partage nucléaire franco-allemand' und die verschiedenen Möglichkeiten dafür, aber, so stellt er fest, „hier besteht wiederum eines der Hindernisse in einem Mangel an Interesse der BRD an einer Formel dieser Art".[100] Die Deutschen sollten erst einmal klar sagen, was sie von Frankreich wollen, außer von Schmidt, Dregger und Todenhöfer wisse man nichts Genaues.[101] In Antwort auf diesen Artikel gibt Christoph Bertram, Chefredakteur von Die

Zeit und langjähriger Direktor des International Institut for Strategical Studies (IISS) in London, ihm recht. „André Adrets hat recht, wenn er fordert, die Deutschen sollen klarer definieren, was sie von Frankreich wollen.“[102]
Es bleibt festzuhalten: Frankreich hat allem Anschein nach 1983, auf dem Höhepunkt des Gerangels um die Nachrüstung, insgeheim der Bundesregierung Vorschläge über eine weitgehende militärische Zusammenarbeit, insbesondere eine Stationierung von Hades-Raketen in der Bundesrepublik und ein eventuelles Mitspracherecht der Bundesregierung bei deren Einsatz, unterbreitet, die weit über alles hinausgehen, was der Bundesrepublik bisher von französischer Seite angeboten wurde. Die Bundesregierung lehnte diese Vorschläge ab.
Danach, ab Frühjahr 1984, intensivierte Frankreich seine EG-Aktivitäten, auch die Wiederbelebung der WEU wurde erst im Juni 1984 beschlossen. Doch auch damit erzielte die französische Regierung keine großen Erfolge, das Europaprojekt scheint blockiert, die Aufwertung der WEU hat bisher keine besonderen Ergebnisse gezeitigt.
Das bisherige Ergebnis dieser Arbeit widerspricht dem Bild, das in bundesdeutschen Medien vermittelt wird. Dort wird oft gesagt, Frankreich müsse der Bundesrepublik etwas anbieten, seine Strategie ändern.[103] Aber wie soll Frankreich etwas ändern, wenn gar nicht klar ist, was die Bundesregierung erwartet, bzw. das Angebotene ablehnt, um die Bindungen an die USA zu bevorzugen? Auf politischer Ebene hat Frankreich auf die Rückkehr der deutschen Frage reagiert. Nun gilt es zu untersuchen, ob das auch auf militärischer Ebene geschah.

Anmerkungen

1 Grosser, 1984, a.a.O., S. 195;
2 Fontaine, in: Le Monde, 27.6.1984;
3 ebenda;
4 Grosser, 1965, a.a.O., S. 30 ff;
5 Le Monde, 12.9.1984;
6 FAZ, 28.1.1984;
7 FAZ, 13.6.1985; Süddeutsche Zeitung, 12.6.1985;
8 FAZ, 12.10.1985; Le Monde, 12.10.1985;
9 Le Monde, 10.6.1985;
10 siehe dazu: Schmidt, in: Le débat, a.a.O., S. 17 f;
11 Europa-Archiv, Folge 7/1980, S. D 166;
12 Schütze, Walter: Neuorientierungen in der Außenpolitik Frankreichs, in: Europa-Archiv, Folge 23/1980, S. 703; Fernsehinterview mit dem Präsidenten Giscard d'Estaing, in: Europa-Archiv, Folge 11/1980, S. D 277;
13 Schütze, 1980, a.a.O., S. 706;
14 Grosser, 1985, a.a.O., S. 260; Fontaine, 1981, a.a.O., S. 338 und 390; Aron, nach Anm. 2 des Kapitels;

15 Fontaine, André: Le plus „finlandisé" des deux, in: Le Monde, 20.6.1980;
16 Schütze, 1980, a.a.O., S. 702 f;
17 Europa-Archiv, Folge 6/1981, S. D 165 - 167;
18 Schütze, 1980, a.a.O., S. 701;
19 La défense européenne: une tâche commune? in: documents 4/1982, S. 67;
20 nach: Fontaine, André: Un coup de jeune pour l'Europe? in: Le Monde, 30.5.1984;
21 Le Monde, 31.7.1980;
22 Mitterrand, François: Ici et maintenant, Paris 1980, S. 225 - 263;
23 ebenda, S. 241;
24 Le Monde, 31.7.1980;
25 Mitterrand, 1981, a.a.O., S. 91;
26 Europa-Archiv, Folge 21/1981, S. D 570;
27 Mitterrand, 1980, a.a.O., S. 252;
28 Le Monde, 31.7.1980;
29 Mitterrand, 1980, a.a.O., S. 252;
30 Mitterrand, 1981, a.a.O., S. 89;
31 ebenda, S. 94;
32 siehe dazu: Sirjacques, Francoise: Frankreich und die NATO, Frankfurt/M. 1979, S. 74 - 79; Schütze, Walter: Europa-Archiv, Folge 1/1984, S. 10, Anm. 15;
33 Le Monde, 20.10.1981;
34 siehe dazu: Sirjacques-Manfrass, Françoise: Grundzüge der französischen Sicherheitspolitik in der Ära Mitterrand, in: Krippendorff/Stuckenbrock, a.a.O., S. 130 - 141; Le Monde, 16.12.1982;
35 Le Monde, 30.8.1983;
36 in: Washington Post, 16.12.1983, S. 23;
37 Le Monde, 30.8.1984;
38 Lacaze, Jeannou: Concept de défense et de sécurité en Europe, in: Défense Nationale 7/1984, S. 17 f;
39 Rede vor der niederländischen Regierung, Den Haag, in: Europa-Archiv, Folge 7/1984, S. D 199;
40 Moreau-Defarges, Philippe: „... J'ai fait un rêve ...". Le président Mitterrand, artisan de l'Union Européenne, in: Politique Etrangère 2/1985, S. 359 - 374;
41 ebenda, S. 362;
42 Mitterrand, 1980, a.a.O., S. 256;
43 Europa-Archiv, Folge 19/1980, S. D 530 - 536;
44 Moreau-Defarges, a.a.O., S. 363;
45 Karl, Wilfried: Die Re-Instrumentalisierung der WEU, in ami 3/85, S. Y-14;
46 Moreau-Defarges, a.a.O., S. 367 ff;
47 Fontaine, in: Le Monde, 30.5.1984;
48 ebenda;
49 Europa-Archiv, Folge 16/1985, S. D 444 - 449;
50 Europa-Archiv, Folge 16/1985, S. D 449 - 451;
51 Le Monde, 3.7.1985;
52 FAZ, 10.5.1985;
53 Le Monde, 2.10.85;
54 Fischer, Martina: Die Westeuropäische Union – Teil I – Vom bürokratischen Wasserkopf zur zweiten Säule der NATO? in: ami 2/85, S. Y 1 - 10;
55 Gnesotto, Nicole: Union de l'Europe Occidentale: La France, l'Europe, l'Alliance, in: Défense Nationale 6/85, S. 52;
56 Fischer, a.a.O., S. Y-8 f;
60 Gnesotto, a.a.O., S. 46;
61 ebenda, S. 43;
62 Europa-Archiv, Folge 5/1984, S. D 138 - 143;
63 ebenda, S. D 141;
64 ebenda, S. D 141 f;
65 Europa-Archiv, Folge 3/1983, S. D 74 - 77;
66 ami 1/84, S. D-1;

67 Gnesotto, Défense Nationale, a.a.O., S. 47;
68 Adrets, a.a.O., S. 652;
69 ami 7/84, S. D-15;
70 Europa-Archiv, Folge 15/1984, S. D 452 - 456;
71 ebenda, S. D 453 ff;
72 ami 11/84, S. D 23 f;
73 Gnesotto, Défense Nationale, a.a.O., S. 52;
74 ebenda, S. 49;
75 Text des deutsch-französischen Freundschaftsvertrags, in: Allemagnes d'aujourd'hui 2/1983, S. 34;
76 Frisch, Dokumente 3/1982, a.a.O., S. 204;
77 Grosser, 1984, a.a.O., S. 185;
78 siehe dazu: Der Streit um die atomare Bewaffnung. Argumente der Ära Adenauer. Militärpolitik Dokumentation, Heft 25, Frankfurt/M. 1982, S. 32 - 40;
79 siehe dazu: Fontaine, 1981, a.a.O., S. 67 - 89; Kölling, Marlene: Stationen bundesdeutscher Nuklearpolitik. Zwischen Verzichtserklärung und Realisierung von militärisch-nuklearen Optionen, in: Vom AKW zur Bombe? ami 6/85, S. Y-25 ff;
80 Rühl, a.a.O., S. 168 ff;
81 Seitz, in: Europa-Archiv, 1982, a.a.O., S. 657;
82 Fontaine, in: Le Monde, 27.12.1984; Washington Post, 16.12.1983;
83 FAZ, 23.10.1985;
84 Europa- Archiv, Folge 7/1982, S. D 194;
85 Europa-Archiv, Folge 24/1982, S. D 628;
86 ebenda, S. D 629;
87 Europa-Archiv, Folge 5/1983, S. D 145 - 155; ebenda, S. D 155 - 152;
88 Moisi, in: Lellouche, 1983, a.a.O., S. 262;
89 Tatu, in: documents, a.a.O., S. 68;
90 Le Nouvel Observateur, n° 771, 20.8.1979;
91 Le Monde, 3.7.1980;
92 Tatu, documents, a.a.O., S. 75 ff und in: 1983, a.a.O.M;
93 Le Monde, 30.7.1980, Mitterrand, 1980, a.a.O., S. 225 - 263;
94 Colard, Daniel: Frankreichs Abkehr von der „nuklearen Maginot-Linie". Wandlungen im militärischen Denken - Europäische Verteidigung? in: Dokumente 2/1984, S. 125;
95 Le Monde, 16.12.1982;
96 Bloemer, Klaus: Die Übereinstimmung zerbricht. Ein neuer Sicherheitskonsens ist gefragt, in: Die Neue Gesellschaft 1/1984, S. 82;
97 Washington Post, 16.12.1983, S. 23;
98 Schütze, Walter: Die deutsch-französische Zusammenarbeit im Bereich der Sicherheit, in: Vom AKW zur Bombe? ami 6/85, S. Y-54, Anm. 19;
99 Le Monde, 5.6.1985;
100 Adrets, in: Politique Etrangère, a.a.O., S. 656;
101 ebenda, S. 660;
102 Bertram, Christoph: Un point de vue allemand, in: Politique Etrangère 4/1984, S. 936;
103 so z.B.: „Frankreich muß seine Verteidigungspolitik überdenken", Tagesspiegel, 2.3.1985;

5. Französische Verteidigungspolitik

Dieser Komplex zerfällt in zwei Teile. Zum einen die Militärpolitik im engeren Sinn, das ist die Doktrin und ihre Entwicklung. Hier ist vor allem von Interesse, ob in den letzten Jahren Änderungen der Doktrin vorgenommen wurden, die ein Eingehen auf bundesdeutsche Forderungen und Bedenken erkennen lassen.

Der andere Teil ist die Rüstungspolitik, das ist Ausrüstung, Rüstungskooperation und -export, militärische Forschung, Nutzung des Weltraums und letztendlich auch das Verhalten in Abrüstungsfragen. Zu der Doktrin gehört die entsprechende Bewaffnung.

Französische Verteidigungspolitik legte seit Ende der 50er, mit Gründung der V. Republik immer mehr Wert auf eine unabhängige Position. Sichtbarer Ausdruck davon war zunächst der Aufbau einer eigenen Atomstreitmacht, der Force de Frappe. Die Grundlagen zur Atomrüstung wurden schon in der IV. Republik gelegt.[1] Doch erst de Gaulle setzte die Atomrüstung durch, gegen massiven Widerstand in den Parteien und im Militär.[2]

Ein Grund für die Atomrüstung ist die Erfahrung von München. Frankreich hatte damals keinerlei militärische Offensivoption und konnte deshalb dem Vertrag keinen großen Widerstand entgegensetzen. „Für General de Gaulle ist die Atomwaffe sicherlich ein Schlüsselelement der Verteidigungspolitik, aber sie ist auch, sie ist möglicherweise vor allem ein diplomatischer Trumpf. Gewiß gegenüber dem potentiellen Gegner. Aber auch innerhalb der Allianz gegenüber den Vereinigten Staaten. Und zweifellos gegenüber der deutschen Wirtschaftsmacht in Europa. Vor allen Dingen ist sie ein Zeichen der Unabhängigkeit. Und nur die Unabhängigkeit verleiht einer Nation Größe."[3]

Ursprünglich war den noch schwachen französischen Atomwaffen die Rolle eines ‚détonateurs' zugedacht. Da man an der amerikanischen Entschlossenheit, im Kriegsfall in Europa Atomwaffen einzusetzen, zweifelte, sollte notfalls der Einsatz der französischen Atomwaffen die USA zwingen, nun auch ihre zu gebrauchen. Das veranlaßte Verteidigungsminister McNamara anzudeuten, in einem Krisenfall könnten die USA gezwungen sein, die französischen Atomwaffen durch einen vorbeugenden Schlag auszuschalten.[4] Politisch formuliert hat das Admiral Sanguinetti, als gaullistischer Abgeordneter. „Wir wollen einen der Großen dazu zwingen, seine Verpflichtungen einzuhalten und die Schäden, die aus Teheran, Jalta und Potsdam hervorgegangen sind und für die wir nicht verantwortlich sind, zu reparieren."[5]

De Gaulle war schon immer gegen die regionale Beschränkung der NATO auf das Gebiet nördlich des Wendekreises des Krebses, denn Frankreich hatte starke Interessen im Mittelmeer, in Afrika, in Südamerika und im Pazifik.[6] Frankreichs Abschreckungskonzept wird denn bis heute als global bezeichnet. Global im doppelten Sinn, auf allen Ebenen (konventionell und atomar), sowie weltweit.

Der Aufbau einer eigenen Atomwaffe war eine Entscheidung mit weitreichenden Folgen. Zuerst einmal politisch-strategisch. Le nucléaire ne se partage pas, in französischer Sicht verbietet die Atomwaffe Allianzen oder begrenzt doch sehr stark ihren Umfang, denn jede Atommacht kann nur für sich selbst entscheiden, wann und wie sie Atomwaffen einsetzt – letztlich nur zum eigenen Schutz.

Dann bei der Rüstungspolitik. Eine Mittelmacht wie Frankreich muß genau überlegen, wofür sie ihr knappes Verteidigungsbudget ausgibt. Wenn der atomare Bereich große Teile der Ausgaben verschlingt, bleibt für die Waffengattungen Heer, Luftwaffe und Marine relativ wenig, was zu ständigen Konflikten führt. Prioritäten müssen gesetzt, Lücken in Kauf genommen werden.

Die Erhaltung einer umfassenden nationalen Rüstungsindustrie wird schwierig.

In der Abrüstungspolitik bleibt wenig Spielraum. Eine Abschreckung des ‚faible au fort', des Schwachen gegen den Starken (die gleichmachende Kraft des Atoms mit vergleichsweise schwachen Mitteln, wird sowieso erst durch die ‚pouvoir égalisateur de l'atome') ermöglicht, das Atompotential muß über einer unteren Glaubwürdigkeitsgrenze, ‚seuil de crédibilité', liegen, um überhaupt abschreckend zu wirken.[7]

Probleme ergaben sich noch in einem anderen Zusammenhang, durch den Austritt aus der militärischen Integration der NATO und den Verbleib französischer Truppen in der Bundesrepublik, dem Glacis französischer Verteidigung. NATO und Frankreich haben unterschiedliche Militärdoktrinen, die vor allem die Rolle der taktischen Atomwaffen anders definieren. Für Frankreich sind sie letzte Warnung vor dem strategischen Atomschlag, für die NATO, vor allem die USA, innerhalb der Eskalationsstrategie der Schritt von der konventionellen zur atomaren Ebene. Der Gegner soll zum Anhalten gezwungen, Zeit zum Verhandeln geschaffen werden. Mißlingt dies, wird auf die nächste Ebene eskaliert, die noch weit unterhalb des strategischen Atomschlags angesiedelt ist.

Was würde passieren, sollten im Kriegsfall taktische Atomwaffen in Europa, das heißt in der Bundesrepublik und der DDR, eingesetzt werden? Würde Frankreich das unabhängig tun? Vor oder nach der NATO, mit oder ohne Absprache? Für Frankreich ist, nach einem Wort des Generals Beaufre, die Ungewißheit die Mutter der Abschreckung, es will den Gegner im unklaren lassen, wann und wo es Atomwaffen einsetzen wird.[8]

Frankreich unterhält Truppen in der Bundesrepublik, die unter anderem als Solidaritätsbeitrag für die Verbündeten gedacht sind. Es beharrt aber darauf, diese Truppen nicht automatisch an der Seite der NATO anzuwenden, über den Einsatz und dessen Zeitpunkt unabhängig zu entscheiden. Denn diese Truppen haben noch eine andere Funktion, im Rahmen der nationalen Strategie. Sie sollen die Absichten des Gegners erkunden, dienen als Stolperdraht für die Auslösung des strategischen Atomschlags.

Hier geht es darum, die französische Verteidigungspolitik darauf zu untersuchen, ob an ihr im Zeitraum 1980 - 85 irgendwelche Änderungen der Konzeption festzustellen sind, die ihren Ursprung in einem Eingehen auf bundesdeutsche Bedenken gegen die eben dargestellte Rolle der Atomwaffen und der Truppen in der Bundesrepublik haben. Das geschieht zunächst auf dem Gebiet der Doktrin. Dann ist auf die Rüstungspolitik und ihren Bezug auf die Bundesrepublik einzugehen.

5.1. Die französische Verteidigungsdoktrin

Die atomare Strategie der V. Republik war bereits 1956 mit einiger Präzision skizziert.[9] Ihre Hauptdenker waren die Generale Ailleret, Gallois und Gérardot. Ausgehend von einer Analyse der Wirkung von Atomwaffen auf die engen und dichtbesiedelten Räume Westeuropas, kamen sie zu dem Ergebnis, eine Schlacht im klassischen Sinne sei nicht mehr möglich. Das wurde eines der Prinzipien der französischen Doktrin, die ‚non-bataille' oder ‚non-guerre'. Deshalb blieb konsequenterweise nur die Abschreckung mit atomaren Waffen, und zwar in ihrer massiven Form. Was bedeutete, daß auch konventionelle Angriffe des Gegners mit einem massiven atomaren Schlag beantwortet würden, sobald sie einen gewissen Umfang überstiegen. Dieser strategische Atomschlag ist gegen die Städte des Gegners gerichtet (anti-cités).
Ailleret z.B. vertrat 1964 - 65, noch in der NATO, die Auffassung, man müsse massiv atomar vergelten, sobald die Sowjetunion mit mehr als zwei Brigaden über die Grenze vorrücke.[10] Damit verlieren die konventionellen Verbände ihre Bedeutung und werden folgerichtig in ‚klassisch' umgetauft.
Neben dieser Richtung, die im wesentlichen die Strategie, wie sie 1967 festgelegt wurde, bestimmte, gab es im französischen Militär noch zwei andere Denkrichtungen.

1. Eine Kombination von atomarem Kampf, klassischem Vorgehen und Guerilla-Taktik (die Generale Noiret und Copel).
2. Ein langdauernder Krieg, mit Invasion Frankreichs, Besetzung und anschließendem Befreiungskampf. Dafür braucht man die Défense Opérationnelle du Térritoire (DOT), die tatsächlich aufgestellt wurde und aus Reservedivisionen und der Gendarmerie besteht. Aus diesem Zusammenhang stammt das Zwei-Schlachten-Konzept, das in die Strategie mit einging. Die erste Schlacht geht um Mitteleuropa, auf dem Glacis Bundesrepublik, die zweite wird um Frankreich geführt.[11] (Für eine ausführliche Darstellung und Kritik der französischen Doktrin, siehe Rühl.[12])

5.1.1. Die Rundumverteidigungsstrategie General Aillerets

Nach dem Austritt aus der militärischen Integration der NATO formulierte Frankreich eine eigene Strategie. Dies geschah durch den Generalstabschef Ailleret. Es ist Usus geworden, die Richtlinien der Verteidigungspolitik und Änderungen der Strategie in einem Vortrag vor dem Institut des Hautes Etudes de Défense Nationale (IHEDN, aus allen Berufsgruppen der Bevölkerung zusammengesetzt) zu verkünden und dann in der Zeitschrift Défense Nationale zu veröffentlichen. Die Richtlinien französischer Verteidigungspolitik werden in diesem Rahmen, nach Festlegung im Conseil de Défense, vom Premierminister, Verteidigungsminister oder dem Generalstabschef erläutert.
Ailleret begründete 1967 den NATO-Austritt nochmals mit der Gefahr des Hineingezogenwerdens in einen Krieg und der untergeordneten Rolle französischer Truppen im Bündnis sowie dem starken Rückgang der sowjetischen Gefahr seit dem zweiten Weltkrieg. Wie aber könne sich Frankreich gegen die weltweiten Gefahren verteidigen? „Eigenständig und selbstbestimmt und so stark wie möglich zu sein, eigene Waffensysteme mit großer Reichweite und Schlagkraft zu besitzen, die jedwelche Angreifer auf der ganzen Welt (!) wirkungsvoll abschrecken, das ist ein grundlegend anderes Konzept, als für die gleichen Kosten lediglich eine Ergänzungsstreitmacht für das Hauptmitglied eines vorsorglich eingegangenen Bündnisses aufzustellen."[13] Dazu brauche Frankreich innerhalb von 20 Jahren eine Atomstreitmacht, die dazu in der Lage sei, nicht nur *einen* Gegner abzuschrecken, man könne ja nicht wissen, woher die Gefahr kommen werde. „Im Gegenteil müssen wir unsere Streitmacht in alle Himmelsrichtungen einsetzen können, wir brauchen also – wie man in der Militärstrategie sagt – eine ‚Rundum'-Verteidigung (‚tous azimuts')."[14] Also theoretisch auch gegen die USA, was aber eher als politische Abgrenzung verstanden werden muß.
Die Ailleret-Doktrin ist in zweierlei Hinsicht auch heute noch wichtig.
Zum einen wird sie von der kommunistischen Partei vertreten, seit diese 1977 die Atombewaffnung akzeptierte, die PC ist damit sozusagen Gralshüterin der reinen gaullistischen Lehre geworden.
Zum anderen wird das Konzept der weltweiten Verteidigung, in den letzten Jahren als ‚dissuasion globale', was doppeldeutig ist und umfassend sowie weltweit bedeutet, von Verteidigungsminister Hernu verwendet.

5.1.2. Die Fourquet-Doktrin

Ailleret kam bei einem Flugzeugabsturz ums Leben, sein Nachfolger als Generalstabschef wurde General Fourquet. Er schwächte das ‚tous azimuts' ab und

benannte implizit den potentiellen Gegner, indem er sich mit der Rolle der Luft- und Landstreitkräfte in Europa befaßte, wobei das Korps an der Nord- und Ostgrenze gegen einen Feind aus dem Osten vorgeht.
Hier wurde die Rolle des Heeres als Erkunder der feindlichen Absichten festgelegt. Weil die konventionellen Truppen unterlegen wären, wurde ziemlich schnell, nach politischer Entscheidung, der Einsatz taktischer Atomwaffen vorgesehen, um den Vormarsch des Gegners zu stoppen. Deshalb sollte das Korps so aufgestellt werden, daß der Einsatz der Atomwaffen ohne Übergang möglich wäre. Der Gegner sollte möglichst weit vor den Grenzen gestellt werden, weil das am wirksamsten sei. Ein eventuell aus den Fugen geratenes Bündnis könne bewirken, daß ihr Einsatz erst kurz vor den eigenen Grenzen möglich sei.[15] In der Praxis bedeutete das den Einsatz französischer taktischer Atomwaffen auf dem Boden der Bundesrepublik.
Fourquet nahm damit Abschied von der reinen Form der massiven Vergeltung nach Ailleret, in dem der Schlag mit taktischen Atomwaffen als letzte Warnung (‚coup de semonce') eingeführt wurde.

5.1.3. Das Weißbuch von 1972

Das Weißbuch von 1972 ist das einzige bisher erschienene offizielle französische Weißbuch zur Verteidigungspolitik und faßte die französische Doktrin klar zusammen. (Leider gelang es trotz intensiver Bemühungen nicht, Einsicht in ein Exemplar zu erlangen. Deshalb kann hier lediglich auf die Teile Bezug genommen werden, die in der Dokumentation von Schütze[16] abgedruckt sind.)
Verfaßt wurde das Weißbuch unter Verteidigungsminister Debré, maßgeblich beteiligt war General Poirier.
Für den atomaren Bereich hat diese Doktrin heute noch Gültigkeit.
Als Ziele der Verteidigungspolitik werden drei Kreise genannt:

1. Das nationale Territorium.
2. Die Sicherheit Europas und seiner Zugänge, besonders im Mittelmeer.
3. Die überseeischen Interessen Frankreichs, insbesondere Départements und Territoires d'Outre-mer (DOM-TOM).

Atomwaffen sollen nur für die lebenswichtigen Interessen des Landes eingesetzt werden, ansonsten habe die Drohung mit ihrem Einsatz keine Glaubwürdigkeit. Der Abschreckungsmechanismus wirke nur, wenn das eigene Staatsgebiet direkt bedroht sei. Das sei der Grund, weshalb Westeuropa im Kriegsfall nicht automatisch in den Genuß der US-Abschreckung gelangen würde und weshalb die USA die Flexible Response eingeführt hätten.[17]
Die lebenswichtigen Interessen (intérêts vitaux) werden hier im Bezug auf das eigene Land festgelegt. „Wenn die Abschreckung allein dem Schutz unserer lebenswichtigen Interessen dient, muß hinzugefügt werden, daß diese Interessen notwendigerweise ohne feste Abgrenzung bleiben."[18] Betont wird die Unge-

wißheit über den Umfang der vitalen Interessen als Faktor der Dialektik der Abschreckung, weshalb Westeuropa aus der französischen Strategie indirekt Nutzen ziehe. Für Frei/Gaupp ist der Begriff vitale Interessen eine Leerformel (siehe Einleitung). Klassische militärische Mittel sollten gegen begrenzte und regionale Angriffe eingesetzt werden. In Europa seien klassische Mittel notwendig, um der Regierung die Zeit für eine politische Krisenbewältigung zu verschaffen. Sie sollen einen örtlichen Angriff zurückschlagen, den Gegner so zwingen, einen großen Angriff zu starten, der den strategischen Atomschlag auf sein Territorium nach sich ziehe. Die zulaufenden taktischen Atomwaffen (1972 - 75: Jaguar- und Mirage IIIe-Flugzeuge, Pluton-Raketen) gäben der Regierung die Möglichkeit, einen anders nicht aufzuhaltenden Gegner wissen zu lassen, daß bei anhaltendem militärischem Druck der Rückgriff auf strategische Atomwaffen unausweichlich sei. Zum Thema ‚Eingreifen in Europa' heißt es, Frankreich habe nur ein beschränktes Eingreifpotential, das nicht vorzeitig verschlissen werden dürfe, denn es müsse die eigenen Grenzen und Zugänge verteidigen. Unter diesem Vorbehalt könnten Feldheer, Luftwaffe, Eingreifverbände und Marine bei der Verteidigung Europas mitwirken. Das Engagement in Europa hänge von den politischen Umständen ab, man sei durchaus bereit, am Aufbau einer Verteidigung Europas mitzuwirken.
Neben der Nukleardoktrin sind die Drei-Kreis-Theorie und der Begriff der lebenswichtigen Interessen von besonderer Bedeutung. Verteidigungsminister Hernu nahm häufig Bezug auf die drei Kreise der französischen Verteidigung (siehe unten).
Die lebenswichtigen Interessen, deren genauer Inhalt nicht definiert wird, was zum Prinzip der Ungewißheit der Abschreckung gehört, spielen in der Diskussion um die Ausdehnung des französischen Atomschutzes eine entscheidende Rolle, so z.B. im Papier der Parti Socialiste (siehe Kapitel 6.1.3.). Der Begriff und seine Interpretation durchzieht die jüngere französische Diskussion der Sicherheitspolitik. Die Frage ist, ob die Bundesrepublik zu den lebenswichtigen Interessen Frankreichs gehört.

5.1.4. Die Méry/Giscard d'Estaing Doktrin

1974, nach dem Tod Pompidous, wurde Giscard d'Estaing Präsident. Im selben Jahr wurde die Erklärung von Ottawa verfaßt, die für Frankreich von großer Wichtigkeit war, da in ihr die französischen Atomwaffen erstmalig als Beitrag zur Abschreckung im Bündnis anerkannt wurden und damit die strikte Ablehnung der französischen Atomwaffen durch die USA beendet wurde. Entsprechend häufig verweisen französische Politiker auf die Ottawa-Erklärung als Beweis für die Solidarität Frankreichs der NATO gegenüber. In der Erklärung von Ottawa heißt es: „Die europäischen Länder stellen in Europa drei Viertel

des konventionellen Potentials der Allianz, und zwei unter ihnen verfügen über atomare Streitkräfte, die imstande sind, eine eigene abschreckende Rolle zu spielen und zur globalen Stärkung der Abschreckung der Allianz beitragen."[19]
1975 hielt Premierminister Chirac eine Rede zur Rolle der taktischen Atomwaffen „... die taktischen Atomwaffen sind gleichzeitig Waffen zur Abschrekkung und ‚Gefechtsfeld'-Waffe; und für die Armeen steht selbstverständlich die zweite Eigenschaft im Vordergrund."[20] Das bedeutete eine Änderung, denn zuvor waren die taktischen Atomwaffen nur als letzte Warnung begriffen worden, nicht auch als Gefechtsfeldwaffen. Diese doppelte Bewertung als Abschreckungs- und Gefechtsfeldwaffe läßt sich auch in den Ausführungen von Generalstabschef Lacaze (1979 - 85) wiederfinden. Als Gründe für die Anschaffung der taktischen Atomwaffen, die bei ihrer Planung in den 60ern überhaupt nicht in die Doktrin der herrschenden massiven Vergeltung paßten, nannte Chirac die Notwendigkeit, auf Formen von Aggressionen antworten zu müssen, gegen die der strategische Atomschlag nicht glaubwürdig sei und die deshalb die wahrscheinlichsten seien.[21] Das bedeutete eine gewisse Annäherung an die Flexible Response der NATO.
Außerdem wollte Chirac die taktischen Atomwaffen als Beitrag zur Verteidigung Europas verstanden wissen. Frankreich könne sich nicht damit zufrieden geben, sein Territorium zu sanktuarisieren, man müsse über die Grenzen hinausblicken.[22] Aus dem Munde eines gaullistischen Premiers waren solche Worte bis dahin nicht zu hören gewesen, es zeichnete sich damit der Standpunkt des Chirac-Flügels in den 80ern bereits ab (siehe Kapitel 6.1.1.).
Der neue Generalstabschef Méry, Nachfolger von Maurin, und Präsident Giscard d'Estaing präsentierten 1976 ein gewandeltes Verteidigungskonzept.
In der traditionellen Ansprache vor dem IHEDN stellte Méry dem, wie er es nannte, Konzept der ‚sanctuarisation totale' (das Staatsgebiet als unantastbares Sanktuarium) die von ihm bevorzugte ‚sanctuarisation èlargie' gegenüber.[23]
Zum erweiterten Sanktuarium zählte Méry das nationale Territorium, Europa mit seinen Zugängen und das Mittelmeerbecken. In diesen Bereichen könne Frankreich mit allen oder einem Teil seiner Kräfte intervenieren.[24] Frankreichs Verteidigung sei unabhängig, es nehme keine Schießscharte im Rahmen der NATO-Vorneverteidigung ein. Aber Frankreich müsse an der Vorneverteidigung teilnehmen, und zwar in zweiter Staffel. Die taktischen Atomwaffen stellten dabei ein Problem dar, das auf Regierungsebene gelöst werden müsse. Taktische Atomwaffen seien „Waffen zur Bekämpfung von Truppen, d.h. für das Gefechtsfeld bestimmt"[25], und sollten maximale militärische Effizienz haben. Das sind zwei Brüche mit der alten Doktrin: Teilnahme an der Vorneverteidigung, d.h. Teilnahme an der Schlacht, Abkehr vom Prinzip der ‚non-bataille' und die Konzeption taktischer Atomwaffen als reine Gefechtsfeldwaffen.
Eine europäische Verteidigung, so Méry weiter, sei ohne politische Einigung nicht möglich. Außerdem sei eine europäische Verteidigung außerhalb der NATO und unabhängig von den USA schwer vorstellbar.
Da er die Teilnahme an der Vorneverteidigung forderte, sprach sich Méry kon-

sequenterweise für die Stärkung der konventionellen Komponente aus.[26] Diese war unter den gaullistischen Präsidenten hinter die atomare zurückgestellt worden.

Präsident Giscard d'Estaing ergänzte die Ausführungen seines Generalstabschefs.[27] Frankreichs Bestreben sei es, so der Präsident, die Gruppe der Mittelmächte wirtschaftlich und militärisch anzuführen.[28]

Die reine Abschreckung, das ‚tout ou rien', sei nicht glaubhaft. Zwei Beweise dafür:

1. Selbst die Parteigänger der reinen Abschreckung akzeptierten taktische Atomwaffen.
2. Alle Welt betone die Notwendigkeit des Verbleibens von konventionellen US-Truppen in Europa. Diese sicherten das Ost-West-Gleichgewicht und seien ein Faktor der Abschreckung. Dieselbe Argumentation gelte für die ‚moyens de bataille' Frankreichs. Die Bandbreite der Kampfmittel sichere die Glaubwürdigkeit der Abschreckung. Frankreich müsse über die am weitesten fortgeschrittenen Waffen verfügen. Das konventionelle Heer müsse so konzipiert sein, damit es die Schlacht liefern könne, deshalb habe man das Wort ‚Schlacht' in das loi-programme 1977 - 82 aufgenommen. Die Divisionen müßten dafür umstrukturiert werden.

Manche stellten sich vor, im Kriegsfall gebe es einen Konfliktraum zwischen der CSSR und dem Rhein, Frankreich bliebe unberührt. Das sei falsch, bei den heutigen Verhältnissen gebe es nur eine Kriegszone in Europa, in die Frankreich von Anfang an eingeschlossen sei.[29]

Solche Überlegungen fanden Niederschlag im ‚loi sur la programmation militaire 1977 - 82'.[30] In diesen Plänen, in der Regel auf fünf Jahre ausgerichtet, werden die Summen für das Militärbudget, ihre Verteilung und die Beschaffungsprogramme festgelegt. Das Programm wird jedoch nicht starr ausgeführt, sondern unterliegt den wirtschaftlichen Faktoren, die der gesamten Planifikation zugrunde liegen: Wachstum des Bruttosozialprodukts, Inflation, Entwicklung der Zahlungsbilanz etc. Da in der Regel zu optimistische Annahmen über das BSP-Wachstum und die Inflationszahlen gemacht werden, muß in den Beschaffungsprogrammen gestreckt oder gekürzt werden.

Daneben werden in einem Annex die Verteidigungsrichtlinien fixiert. Im Annex zum loi-programm 1977 - 82 werden die Drei-Kreis-Theorie und die Nukleardoktrin des Weißbuch 72 wiederholt. Doch wird auch festgestellt, die Sicherheit Frankreichs sei untrennbar vom internationalen Kontext. „Es wäre in der Tat illusorisch zu hoffen, Frankreich könne mehr als eine eingeschränkte Souveränität erhalten, wenn seine Nachbarn von einer feindlichen Macht besetzt worden sein sollten oder einfach unter ihre Kontrolle gerieten. Die Sicherheit der Gesamtheit Westeuropas ist daher für Frankreich wesentlich. ... Frankreich, das dem atlantischen Pakt von Anfang an angehört hat, bleibt vollwertiges Mitglied der Allianz". Allein die NATO könne ein Gegengewicht zum Warschauer Pakt sein.

Zur Rolle der konventionellen Waffen heißt es: „Durch ihren Einsatz, der ent-

weder autonom oder an der Seite anderer Länder erfolgt, sollen sie dem Gegner zeigen, daß Frankreich entschlossen ist, sich jeder Aggression mit der Gesamtheit der ihm zur Verfügung stehenden Mittel entgegenzustellen."[31] Diese Doktrin wurde als ,flexible response à la française' bezeichnet.
Mit dem loi-programme 1977 - 82 wurde eine Akzentverschiebung vorgenommen, die konventionelle Komponente sollte gestärkt werden, z.B. wurde die Erhöhung der Zahl der Panzer von 810 auf 1130 geplant.
Die Brüche mit der alten Doktrin bestehen im Begriff ,sanctuaire élargi', was in letzter Konsequenz eine Ausweitung der atomaren Garantie bedeutete, der Aufgabe der ,non-bataille', der Teilnahme an der Vorneverteidigung, der Konzeption der taktischen Atomwaffen als reine Gefechtsfeldwaffen und dem Begriff vom einheitlichen Schlachtfeld Europa, was die Abkehr von der Zwei-Schlachten-Theorie bedeutete. Das brachte Giscard d'Estaing, wohl nicht unberechtigt, den Verdacht ein, er wolle in die NATO-Integration zurückkehren. Heftiger Widerstand regte sich bei den Alt-Gaullisten (Debré, Messmer, Couve de Murville), den Kommunisten und in der sozialistischen Partei. Ein Effekt dieser Änderung war, daß nunmehr die PC die Atomrüstung akzeptierte, unter der Federführung des Politbüro-Mitglieds Jean Kanapa. Das Motiv für diese Wendung im Jahr 1977 war, die Rückkehr in die NATO-Integration zu verhindern. Die atomare Rüstung bestand bereits und war nicht mehr rückgängig zu machen, meinte man in der PC. Im Januar 1978 folgte die PS dem Beispiel der PC.[32]
Die von Méry und Giscard d'Estaing aufgezeigten Positionen sind im wesentlichen das, was die UDF in der Verteidigungspolitik bis heute vertritt, mit einer Weiterentwicklung bei den Vorstellungen zum institutionellen Rahmen und der Durchführung (siehe Kapitel 6.1.2.). 1983 steuerte Giscard die Formel bei, Frankreich verteidige seine Freiheit am Rhein, seine Unabhängigkeit an der Elbe.[33]
Über die praktischen Konsequenzen der neuen Konzeption von Méry und Giscard d'Estaing herrscht in der Literatur Uneinigkeit.
Schütze meint, am Widerstand der um Jacques Chirac neu gesammelten Gaullisten sei jeder echte Wandel der Strategie und eine Entkrampfung des Verhältnisses zu USA und NATO gescheitert. Im Zuge der Wehrreform seien die 61 500 Mann in der Bundesrepublik um 13 000 verringert worden.[34]
Daniel Colard (Universität Besançon) vertritt eine ähnliche Auffassung. „Auf jeden Fall kehrte der Staatspräsident nach 1976 zur strengen Orthodoxie der Positionen von de Gaulle und Pompidou zurück."[35]
Françoise Sirjacques dagegen sieht für die Amtszeit Giscard deutliche Verschiebungen in Richtung NATO, denn Außen- und Verteidigungspolitik seien ,domaines réservés' des Präsidenten. Zwar sieht auch sie eine Rückkehr zur Einheit nach 1976, in Richtung Orthodoxie. Aber: „Unwiderruflich bleibt allerdings die faktische Ersetzung des Konzepts der massiven Vergeltung durch eine Strategie der ,flexiblen Erwiderung' – wenn auch dieser Ausdruck als solcher nirgendwo erscheint und nur der Sachverhalt beschrieben wird."[36]

Raymond Barre, Premierminister von 1976 - 81, nahm eine Position zwischen dem Präsidenten und den Gaullisten ein. Er übernahm zwar den Begriff des ‚sanctuaire élargi', was für ihn aber nicht eine Erweiterung der atomaren Garantie bedeutete.[37]
Die durch die unterschiedlichen Positionen erzeugte Verwirrung[38] ging so weit, daß Sirjacques für 1978 vier französische Militärdoktrinen sieht: die des Präsidenten, des Premierministers (Barre), des Verteidigungsministers (Yvon Bourges, Gaullist) und des Generalstabschefs (Méry). Der Präsident wolle Atomwaffen nur gegen Atommächte einsetzen, der Premierminister auch zur Abwehr eines nichtatomaren Angreifers. Für Méry, Bourges und Barre seien die taktischen Atomwaffen Teil des Abschreckungspotentials, für den Präsidenten Gefechtsfeldwaffen. Bourges halte am ‚sanctuaire national' fest, Méry spreche vom ‚sanctuaire élargi'.[39]
Aus der Ansprache von Premierminister Barre vor dem IHEDN von 1980 geht hervor, daß die Ungewißheit über den Umfang der vitalen Interessen Frankreichs erhalten bleiben sollte. „Unsere Verteidigungspolitik zielt darauf ab, jeden Aggressor davon abzuschrecken, sich zu einer gewaltsamen Aktion hinreißen zu lassen, die gegen unsere vitalen Interessen in Europa gerichtet ist. Dies geschieht durch die Gewißheit, daß seine Geste wiederum die gesicherte Zerstörung eines ansehnlichen Teils seiner Städte und seiner Wirtschaft nach sich ziehen würde."[40] In der Wendung „intérêts vitaux en Europe" ist das erweiterte Sanktuarium enthalten, die angedrohte Zerstörung von Städten und Teilen der Wirtschaft weist auf eine erweiterte Anti-Städte-Strategie hin.
Präsident Giscard d'Estaing erklärte in einer Pressekonferenz 1980: „Doch unsere Abwehrstrategie enthält einen zentralen Punkt: jeder atomare Angriff auf französischem Boden würde automatisch einen strategischen atomaren Vergeltungsschlag auslösen."[41]
Festzuhalten bleibt, daß es keine offizielle Erklärung gab, der französische Atomschirm decke auch die Bundesrepublik ab. Gleichfalls wurde weder die Einsatzplanung für Frankreichs taktische Atomwaffen abgesprochen, noch die Ungewißheit über Zeitpunkt und Umfang eines Eingreifens an der Seite der NATO aufgelöst.
1980 gab es in Frankreich eine Debatte um die Einführung der Neutronenwaffe, parallel zu den Diskussionen in den USA und der Bundesrepublik.
Schon 1976 hatte Giscard d'Estaing den Auftrag zu Durchführbarkeitsstudien gegeben, eine Produktionsentscheidung, hieß es 1980, werde nicht vor 1982-83 möglich sein. Die Neutronenwaffe, eine Gefechtsfeldwaffe par excellence, weil sie durch eine Verstärkung der Strahlung zwar Menschen tötet, aber durch die Reduktion der Hitze- und Druckwirkung weit weniger Zerstörungen anrichtet als ‚normale' Atomwaffen, war in den Parteien heftig umstritten[42] (siehe dazu Kapitel 6.1.).
Die Frage war und ist, was man mit einer reinen Gefechtsfeldwaffe innerhalb einer Abschreckungsdoktrin anfängt, die als Zentralelement, recht unflexibel, den strategischen Atomschlag gegen die Städte des Gegners androht.

Innerhalb des Konzepts des Präsidenten Giscard d'Estaing, der an der Vorneverteidigung teilnehmen und über Waffen des gesamten Spektrums verfügen wollte, keine Sackgasse im Sinne des Nichtvorhandenseins einer Antwort auf einer Eskalationsstufe akzeptieren wollte, hatte die Neutronenwaffe sehr wohl ihren Platz.

5.1.5. Die Verteidigungsdoktrin unter Mitterrand

Die Parteien der Linkskoalition hatten 1977/78 die Atomrüstung akzeptiert, wollten sie auf einem glaubhaften Niveau halten. Mitterrand betonte stärker als sein Vorgänger die präsidentielle Verfügungsgewalt über die Atomwaffen.[43] „Das Kernstück der Abschreckungsstrategie in Frankreich ist der Staatschef, bin ich."[44] Der Untersuchungsgegenstand ist hier nicht die Verteidigungspolitik unter Mitterrand im allgemeinen,[45] sondern es geht um eventuelle Schritte in Richtung Bundesrepublik und eine europäische Verteidigung.
In seiner ersten Ansprache vor dem IHEDN unterstrich Premierminister Mauroy die Kontinuität der Verteidigungspolitik. „Ich bin sicherlich der Premierminister des Wechsels, aber in zumindest einem Punkt drängt sich Kontinuität auf."[46] Mauroy bekräftigt die Gültigkeit der Anti-Städte-Strategie, ermöglicht durch die gleichmachende Eigenschaft des Atoms, um einen Angreifer von einer Aggression gegen „unsere vitalen Interessen, an erster Stelle gegen das nationale Territorium", abzuhalten.[47] Das gestörte Gleichgewicht in Europa müsse wiederhergestellt werden, wie das der Präsident schon genauer gesagt habe.
Für eine gemeinsame europäische Verteidigung gebe es soziopolitische Hindernisse. Aber Frankreich stehe zu seinen Alliierten, unter denen die USA den ersten Platz einnähmen. Frankreich sei zwar aus der NATO-Integration ausgetreten, aber eines Tages könne der NATO-Vertrag den neuen historischen Umständen angepaßt werden. Frankreich akzeptierte ebenfalls die Gesamtheit der Verträge, aus denen die WEU hervorgegangen sei. „Im übrigen ist es diese Vertragstreue, die es dazu bringt, den europäischen Aufbau voranzutreiben, mit Blick auf einen gemeinsamen wirtschaftlichen Aufstieg, auf die Verminderung der Ungleichheiten und eine loyale Zusammenarbeit mit den Entwicklungsländern." Einerseits wird die Bedeutung der USA hervorgehoben, doch andererseits ein Hinweis auf den Willen zur verstärkten Zusammenarbeit in Europa, auch militärisch, gegeben.
Die Flexible Response bewirke, daß Europa für die USA nur eine Sprosse auf der Leiter der Gewalt sei und nicht eines der höchsten Ziele der Verteidigung. Das sei für Frankreich unannehmbar. „Eine Möglichkeit, die bei den Europäern Überlegungen zu Perspektiven einer politischen Einheit auslösen sollte, die über eine autonome Verteidigung verfügt."[48]
Verteidigungsminister Hernu vertrat in seiner Ansprache vor dem IHEDN die

Mitterrand-Thesen zu der Gefährlichkeit der SS-20, der sowjetischen Überlegenheit Mitte der 80er und der Überlegenheit der USA um 1990 (siehe Kapitel 4.2.).[49] Die Weigerung Frankreichs, seine Atomwaffen bei den Genfer INF-Verhandlungen zu den Mittelstreckenraketen mitzählen zu lassen, wird mit der geringen Zahl der Atomwaffen begründet.[50]
Ab Herbst 1982, mit der Ansprache Mauroys vor dem IHEDN, beginnt die Debatte um die Umstrukturierung und Umorientierung der französischen Verteidigung.[51]
Die Umrisse des neuen loi-programme 1984 - 88 blieben noch recht unklar. Verteidigung sei nicht nur militärisch, sie müsse umfassend sein, wie die Bedrohung und erfordere den Schutz der lebenswichtigen Interessen des Landes. Was die Verteidigung Europas angeht, beteuert Mauroy wieder die Treue zur Allianz, aber eine Teilnahme an der Vorneverteidigung komme nicht in Frage. Der NATO-Vertrag müsse überarbeitet werden. Die Europäer müßten den Willen entwickeln, ihre eigene Verteidigung zu sichern, nur so könne ihre Stimme mehr Gewicht erhalten. Das Vertrauen in die US-Atomgarantie müsse wiederhergestellt werden. „Gewisse Länder, die daran zweifeln, müssen davon überzeugt werden, daß die Atomwaffen mittlerer Reichweite, deren Aufstellung beschlossen wurde, nicht in Stellung gehen werden, um einen auf Europa begrenzten Krieg zu führen, sondern, ganz im Gegenteil, um einem möglichen Gegner zu verstehen zu geben, daß ein solcher begrenzter Krieg unmöglich ist."[52] Auch die Treue zu den Verpflichtungen der WEU wird wieder betont. Verteidigungsminister Hernu wurde deutlicher.[53] Er erklärte nochmals die Prinzipien der ‚dissuasion globale': Abschreckung auf allen Gebieten, ohne die Möglichkeit, sich eine Bandbreite an Waffen beschaffen zu können, wie sie der Flexible Response entspräche, aber genügend variabel, um das ‚alles oder nichts' vermeiden zu können. Die taktischen Atomwaffen dienten als letzte Warnung vor dem strategischen Atomschlag. Ab 1985 werde die ASMP (Air-Sol Moyenne Portée; Rakete, die von Flugzeugen aus abgefeuert wird und eine Reichweite bis zu 300 km hat) und ab 1991 die Hades-Rakete eingeführt.[54]
Die Reichweite der Hades war zuvor vom Conseil de Défense (Verteidigungsrat; den Vorsitz hat der Präsident) von ursprünglich geplanten 250 auf 350 - 400 km verändert worden (nach Sirjacques sogar 450 km), damit sie über die Bundesrepublik hinausreicht. Ihre Sprengkraft beträgt 20 - 60 kt, sie kann auch mit einem Neutronensprengkopf ausgerüstet werden. Von der Hades sollen 200, auf Radfahrzeuge montierte Exemplare beschafft werden.[55]
Hernu betonte die besonderen Bindungen Frankreichs und der Bundesrepublik. „Es ist deswegen notwendig, die besonderen Verbindungen zu unterstreichen, die wir zur Bundesrepublik Deutschland unterhalten, Verbindungen, die weit über die zu den anderen NATO-Partnern hinausgehen. Frankreich und die BRD kooperieren in der Tat auf bi- und multilateraler Ebene."[56] Frankreich unterhalte Streitkräfte auf dem Boden der Bundesrepublik, was aus dieser einen privilegierten Partner mache. Da sei zunächst die 1. Armee, die nicht in ihrem taktischen Konzept gefangen bleiben dürfe, sondern sich der Entwicklung der

Technologie und des Denkens anpassen müsse. Deshalb habe er Studien für eine Hubschrauber-Einheit zur Panzerbekämpfung (FHAC) anstellen lassen.
Die Regierung wünschte offensichtlich eine Änderung der Doktrin für die konventionellen Truppen. Zu diesem Zweck sollte eine Umstrukturierung vorgenommen werden, die folgendes vorsah:

1. Die Schaffung einer Force d'action et d'assistance rapide (FAR), mit der Hubschrauberdivision zur Panzerabwehr und einem eigenen Oberkommando.
2. Die Umorganisation der bestehenden Armeekorps und deren Verringerung um 30 000 Mann, um mehr Material beschaffen zu können. Luftwaffe und Marine sollten 7 000 bzw. 5 000 Mann verlieren. Das Heer sollte als 2. Staffel innerhalb der westlichen Verteidigung oder als Kraft, die den „coup d'arrêt en avant de nos frontières" gibt, dienen.
3. Die Umorganisation der territorialen Verteidigung (DOT) und Stärkung der Gendarmerie.

Die Stärkung der konventionellen Komponente sei notwendig, um die Unsicherheit beim Gegner über den Umfang dessen, was zu den vitalen Interessen Frankreichs zähle, zu verstärken und so die Abschreckung zu untermauern, erklärte Hernu dem Generalstab des Heeres.[55] Gegen diese Pläne erhob sich im Heer heftiger Widerspruch, der Generalstabschef des Heeres, Delaunay, trat schließlich zurück. Ex-General Poirier, Mitverfasser des Weißbuchs von 1972, erklärte die FAR für ungeeignet und auf die restlichen Streitkräfte aufgepfropft, die diese erschüttere.[57] Auch in der politischen Klasse war die Umstrukturierung umstritten.
Im Mai 1983 erklärte Generalstabschef Lacaze ein weiteres Mal Sinn und Zweck der Umstrukturierung.[58]
Die Abschreckung sei global, das heißt, kombiniere die atomare Abschreckung mit einer ‚stratégie d'action', und beruhe auf Streitkräften, die ein zusammenhängendes Ganzes bildeten. Lacazes Definition der Rolle der taktischen Atomwaffen entspricht zunächst der von Fourquet und des Weißbuchs von 1972. Die Neutronenwaffe, so Lacaze weiter, würde sich ohne weiteres in diese Rolle einfügen, denn der Einsatz der taktischen Atomwaffen sei nicht nur letzte Warnung, sondern müsse auch militärisch maximal effizient sein. Diese Doppelfunktion der taktischen Atomwaffen ist einer der Widersprüche der französischen Doktrin. Wozu soll eine letzte Warnung mit taktischen Atomwaffen noch militärisch effizient sein, wenn sie angeblich nur dazu dient, dem Gegner anzuzeigen, daß als nächstes der strategische Atomschlag folgt, sie also keine Gefechtsfeldwaffe sein soll?
Zu Europa sagte Lacaze: „... Frankreich ist wegen der relativen Enge des zentraleuropäischen Schauplatzes direkt von der Sicherheit seiner europäischen Partner betroffen. Deshalb müßte man den Gegner dazu bringen, sich zu fragen, wo unsere vitalen Interessen geographisch liegen. Beschränkte man diese beständig einzig auf den Umfang unseres Hexagons, könnte er zu einer Aktion gegen unsere Verbündeten und zur möglichen Fortführung seines Vormarsches

bis an unsere Grenzen verleitet werden, ohne daß er die klare Drohung unserer Atomwaffen zu fürchten hätte."[59] Deshalb seien die ASMP- und Hades-Raketen wichtig, denn sie böten die Möglichkeit des frühen Einsatzes, weit vorn. Die Stärkung der Verteidigung Europas überspanne die Bemühungen um eine bessere Abstimmung zwischen Frankreich und der Bundesrepublik in der Sicherheitspolitik.
Die 1. Armee könne in 2. Staffel an der Seite der NATO eingesetzt werden, sei aber nicht mobil genug, um von Anfang an an einem Konflikt beteiligt zu sein. Um schneller an der Seite der Alliierten intervenieren zu können, habe man die schnelle Eingreiftruppe (FAR, Force d'Action Rapide) geschaffen. Diese habe vier Aufgabengebiete:

- Einsatz an der Seite der Alliierten
- Unterstützung des Feldheeres
- Stärkung der operationellen Verteidigung des Territoriums (DOT)
- schneller Einsatz in Übersee.

Davon habe der Einsatz an der Seite der Alliierten absoluten Vorrang. Aber: „Das bedeutet dennoch nicht, daß geplant sei, die Teilnahme jedes einzelnen unserer Truppenverbände auf einesteils die kollektive Abschreckung der Allianz und anderenteils die Verteidigung unseres Territoriums festzulegen."[60]
Den Rogers-Plan zur Hebung der atomaren Schwelle in einem Krieg, der auch den Schlag in die Tiefe des gegnerischen Raums mit weitreichenden konventionellen Waffen und Präzisionsmunition vorsieht, lehnt Lacaze ab, das sei zu teuer, außerdem habe man taktische Atomwaffen.[61]
Nach dieser letzten offiziellen Erläuterung wurde mit dem loi-programme 1984 - 88 am 8.7.1983 Gesetz, was Lellouche folgendermaßen beurteilt:

1. Frankreich muß sich für die Sicherheit der Bundesrepublik interessieren, um deren Abgleiten in den Neutralismus zu verhindern. Die Solidarität muß durch Taten, nicht nur durch Worte gesichert werden.
2. Das geht aber nicht auf atomarem Gebiet. Die Entscheidung über den Atomwaffeneinsatz ist unteilbar.
3. Bleiben die konventionellen Waffen. Die 1. Armee ist durch ihre Doppelrolle ungeeignet und zu langsam, um an der Vorneverteidigung teilzunehmen. Deshalb entzieht man der 1. Armee die taktischen Atomwaffen, um sie einer speziellen Einheit zuzuordnen. Später werden sie in prästrategische Atomwaffen umbenannt, um anzuzeigen, daß sie nicht für die Schlacht sind. Zudem schafft man eine mobile Einheit, bestehend aus 47 000 Mann und 5 Divisionen, leichter und viel schneller als die 1. Armee.[62] Soweit Lellouche.

Präsident Mitterrand hat am 7. Februar 1984 in seiner Den Haager Rede nochmals betont, die Verantwortung für Atomwaffen sei unteilbar. „Sowohl aus strategischen Gründen als auch aus Gründen, die aus dem letzten Krieg resultieren, kann die Entscheidung über den Einsatz der Atomwaffen nicht geteilt werden."[63] Das gilt vor allem für die strategischen Atomwaffen. Wie Punkt 4.3.4. zeigt, war Frankreich bereit, der Bundesrepublik ein Vetorecht beim

Einsatz taktischer Atomwaffen einzuräumen. Adrets/Heisbourg verweist auf deutsches Desinteresse daran und empfiehlt kleine Schritte wie die Einrichtung moderner Kommunikationsleitungen für Krisenfälle, um eine befriedigende Lösung auf atomarem Gebiet zu finden.[64]
Das loi-programme 1984 - 88 wiederholt in seinem Annex zur Verteidigungspolitik[65] die Drei-Kreis-Theorie des Weißbuches von 1972. Für Europa wird wiederum die Überlegenheit des Warschauer Paktes und die besondere Bedrohung durch die SS-20 angeführt.
Zur Rolle der strategischen Atomwaffen heißt es, Frankreich wolle weiterhin „über die Fähigkeit zu Zerstörungen solchen Ausmaßes verfügen, daß ein möglicher Aggressor davon abgeschreckt wird, eine Aktion zu unternehmen, die gegen seine vitalen Interessen verstieße, wegen der unverhältnismäßigen Schäden, die ihm aus diesem Umstand entstünden: das ist die Rolle, die der strategischen Atomwaffe zugeteilt ist, die, zum Schutz unserer vitalen Interessen konzipiert, die Sanktuarisierung (Unverletzlichkeit) des nationalen Territoriums garantiert. ... Die Bedeutung der Atomwaffen ist wesentlich politisch: die Drohung mit ihrem Einsatz setzt voraus, daß die vitalen Interessen Frankreichs auf dem Spiel stehen. Es kommt nicht in Frage, sie als eine Art Super-Feld artillerie einzusetzen, mit welcher Art Sprengkopf auch immer."[66] 1984 wurden die taktischen Atomwaffen in prästrategisch umbenannt, um schon durch den Begriff jegliche Zweifel über ihren Gebrauch verbal auszuräumen.
Die faktischen Zweifel bleiben dadurch bestehen, daß Generalstabschef Lacaze weiterhin maximale militärische Effizienz für ihren Einsatz fordert. Außerdem redet er davon, vor allem die ASMP für Schläge in die Tiefe des gegnerischen Raums zu benutzen,[67] wovon auch Heisbourg/Adrets redet.[68] Diese Absicht entspricht dem ‚deep strike' in Rogers-Plan und im ‚AirLand Battle-Konzept'.[69] Lacaze fordert die Ausrüstung der Hades-Rakete, bzw. eines Teils davon, mit Neutronensprengköpfen, doch ist darüber noch nicht entschieden. (Bei den Atomversuchen auf Mururoa, die den Hintergrund für die Greenpeace-Affäre bildeten, wurde der Neutronensprengkopf getestet.) Diese Waffe würde den Widerspruch zwischen der Definition als prästrategisch und dem Gebrauch auf dem Schlachtfeld im Sinne maximaler Effizienz noch verdeutlichen. Es drängt sich der Verdacht auf, daß verbal an einem Konzept festgehalten wird, das der Bewaffnung und ihren Zielen nicht mehr entspricht.
Das loi-programme führt weiter aus: „Die Verbesserung der Interventionsschnelligkeit und der Kampffähigkeit unserer Truppen in Europa erfordert eine tiefgreifende Reorganisation, die außerdem die technischen Entwicklungen und die Veränderung der Umgebung in Rechnung stellen muß. .. Die Anstrengungen erstrecken sich auf

- die Aufstellung eines autonomen Großverbandes mit taktischen Atomwaffen (Hades);
- die Verbesserung der strategischen und taktischen Mobilität der Truppen, unter Ausnutzung der Ressourcen des Lufttransports;
- die Aufwertung der Kampfkraft der Großverbände durch die Suche nach ei-

nem besseren Gleichgewicht der verschiedenen Komponenten und durch den Erwerb der Fähigkeit zu nächtlichem Einsatz;
- die Modernisierung der wichtigsten Ausrüstungen, insbesondere der Panzer und Kampfhubschrauber."[70]

Das heißt in Klartext:

1. Die FAR wird aufgestellt, sie besteht aus 47 000 Mann, die größtenteils freiwillig Längerdienende sein sollen, in fünf Divisionen (9. Marineinfanteriedivision, 11. Fallschirmjägerdivision, 27. Gebirgsjägerdivision, 6. leicht gepanzerte Division, 4. Division DAM mit 250 Hubschraubern, deren Aufstellung 1985 beendet war).
   Ein 3. Armeekorps, mit Hauptquartier in Lille, wird geschaffen, es soll die Nord-Ost-Achse abdecken. Die DOT-Komponente wird gestärkt. Die Divisionen werden intern umstrukturiert, die Anzahl der Panzer pro Division erhöht. Ab 1992 wird der neue Panzer beschafft. Bei allen Beschaffungen erhalten die in der Bundesrepublik stationierten Truppen bevorzugt neues Material.[71]
2. Bis 1988 werden die Streitkräfte um 35 000 Mann abgebaut, um Geld für Beschaffungen freizumachen. Davon entfallen 22 000 auf das Heer, mit Ausnahme der Truppen in der Bundesrepublik, die ihren Bestand halten sollen. Der Rest verteilt sich auf Luftwaffe (- 5 500), Marine (- 3 500), Verbindungsstellen (- 500) und Zivilangestellte (- 500). Allein die Gendarmerie wird verstärkt. Die Dauer des Wehrdienstes wird bei 12 Monaten belassen, entgegen den Ankündigungen in der Oppositionszeit; FAR und Überseedienste sollen mit freiwillig Längerdienenden besetzt werden.
3. Die bisher der 1. Armee unterstellten taktischen Atomwaffen (5 Pluton-Regimenter) werden der Armee entzogen. Es wird, direkt dem Generalstabschef unterstehend, eine spezielle Einheit mit 200 Hades-Raketen aufgestellt, ab 1992.
   Die Luftwaffe erhält ab 1988 den neuen ASMP-Flugkörper (Atomsprengkopf, 100 bis 300 km Reichweite)[72] mit Mirage 2 000 N Flugzeugen. Die Jaguar und Super Etendard der Marine werden ebenfalls mit ASMP ausgerüstet.
   Die verbliebenen 18 strategischen Bomber vom Typ Mirage IV erhalten gleichfalls ASMP, sollen aber durch die mobile SX-Rakete ersetzt werden, deren Produktion noch nicht beschlossen wurde.

Frankreich, so ist nach den Äußerungen der Politiker unzweifelhaft klar, hat in seiner Verteidigungspolitik auf das rutschende Glacis Bundesrepublik, die perzipierte Neutralismusgefahr, reagiert. Doch geschah das nicht in allen Bereichen.

Die strategischen Atomwaffen bleiben nationale Angelegenheit, ihre Anwendung ist alleinige Entscheidung des französischen Präsidenten. Die Erklärung, mit den wenigen strategischen Atomwaffen, die nach französischem Verständnis das Minimum darstellen, für den nuklearen Schutz der Bundesrepublik eintreten zu wollen, erschiene unglaubhaft. Der Begriff vitale Interessen ist be-

wußt unklar gefaßt, der Gegner soll nicht wissen, wann er mit dem strategischen Atomschlag zu rechnen hat. Es besteht die Möglichkeit, daß unter Umständen auch die Bundesrepublik zu den „intérêts vitaux' zählt.
Bei den taktischen Atomwaffen bot Frankreich insgeheim eine Stationierung von Hades-Raketen in der Bundesrepublik mit einer Teilhabe an der Verantwortung an, die mit Sicherheit über ein Vetorecht nicht hinausgegangen wäre. Die Bundesregierung wollte nicht.
Zusätzlich werden die taktischen Atomwaffen der 1. Armee entzogen und in einer eigenen Einheit zusammengefaßt. Das entspricht dem Trend in der Bundesrepublik zur Hebung der Atomschwelle.
Die Reichweite der Hades wurde von 250 auf 350 - 450 km verlängert, die alten AN- 52 Atombomben werden durch den Flugkörper ASMP ersetzt, der bis zu 300 km Reichweite hat. Damit ist das Problem vom Tisch, daß die taktischen Atomwaffen, vor allem die Pluton mit 120 km Reichweite, auf jeden Fall in der Bundesrepublik explodieren würden. Die neuen Waffen können für den Schlag in die Tiefe genutzt werden. Sowohl Hades als auch ASMP reichen über die Bundesrepublik hinaus, bis in die CSSR und DDR. Letztere ist, wie F.J. Strauß bemerkte, auch Teil Deutschlands.[73] Aber die taktischen Atomwaffen der NATO, wie Lance, Atomgranaten etc. haben als Zielgebiet auf jeden Fall auch die DDR.
Damit wirken die französischen taktischen Atomwaffen nicht mehr als zusätzliche Drohung für die Bundesrepublik, sie könnten zudem weiter vorn eingesetzt werden, was vor allem für die flugzeuggestützte ASMP gilt. Von bundesdeutscher Seite war bemängelt worden, der Einsatz der französischen Atomwaffen erfolge in der Planung zu spät. So meinte beispielsweise Egon Bahr, der Zeitpunkt liege so spät, daß der Einsatz ihn nicht mehr interessiere, weil ihm egal sei, was nach seinem Tod passiere.[74] Heisbourg/Adrets beschwerte sich, in der Bundesrepublik werde auf diese Änderungen überhaupt nicht reagiert.[73]
Auf konventionellem Gebiet wurde eine schnelle Eingreiftruppe geschaffen, mit dem Schwerpunkt Panzerabwehr, die hauptsächlich für den Einsatz in Mitteleuropa, bei der Vorneverteidigung der westlichen Staaten, geplant ist. Die französischen Divisionen wurden umstrukturiert, ihre Kampfkraft gestärkt. Die Truppen in der Bundesrepublik (2. Corps der 1. Armee) wurden von Personalkürzungen ausgenommen, bei der Materialbeschaffung sind sie bevorzugt. Im Kriegsfall könnte Frankreich damit rund 100 000 Mann in der Bundesrepublik einsetzen, die FAR an der Front, das 2. Corps in 2. Staffel.
Für Colard ist das loi-programme 1984 - 88 der große Schritt nach vorn, die Umstrukturierung das Ende aller Zweideutigkeiten.[75] Das ist nicht ganz richtig, denn die Ungewißheit bleibt Schlüsselelement der französischen Abschrekkung, auch steht nirgendwo, Frankreich werde in jedem Fall an der Vorneverteidigung in der Bundesrepublik teilnehmen. Die Möglichkeit dazu wurde verbessert, einige Konfliktpunkte mit der Bundesrepublik ausgeräumt. Vergleicht man einmal die französischen Maßnahmen, einschließlich des Hades-Angebotes, mit den Vorstellungen des Chefs des Planungsstabs, Seitz (Kapitel

3.1.), so kommt man zu dem Ergebnis, daß Übereinstimmungen mit den beschriebenen französischen Maßnahmen festzustellen sind.

5.2. Zwischen SDI und Eureka – Frankreichs Rüstungspolitik und die Bundesrepublik

Frankreich unterhält, als Teil seiner Politik der Unabhängigkeit, eine Rüstungsindustrie, die den ganzen Bedarf des Landes an Rüstungsgütern abdekken soll. Der Absatz für die eigenen Streitkräfte ist aber beschränkt. Die Mittelmacht Frankreich versucht, die klassische Triade der Großmächte, Atomstreitmacht, konventionelle Streitkräfte und Eingreifverbände, aufrechtzuerhalten. Das stößt an enge finanzielle Grenzen, immer wieder müssen Programme gestreckt, gekürzt oder ganz gestrichen werden. Die Klagen über Mängel in dem einen oder anderen Bereich begleiten die französische Verteidigungsplanung seit ihrer Entstehung. 1985 hieß es von seiten des Generalstabs, in den nächsten drei Jahren könnten 35 Mrd. Franc fehlen. Le Monde sieht „den Militärplan 1984 - 88 in Gefahr".[76] Der Kommandeur einer französischen Division in Trier, General Arnold, bezeichnete die Haushaltseinsparungen der letzten Jahre als gefährlich, die französischen Panzer als zwei Generationen hinter den bundesdeutschen zurück.[77]

Frankreich muß den Absatz seiner Rüstungsprodukte anderweitig als im Inland sichern, um die eigenständige Rüstungsindustrie zu erhalten. Diese Möglichkeit ist der Export, die französische Rüstungsindustrie arbeitet zu 40% auf Rechnung fremder Länder. Von den 350 000 Beschäftigen der Rüstungsindustrie arbeiten 98 000 für den Export.[78]

Die Teile der Rüstungsindustrie, die Atomsprengköpfe, -raketen und das Zubehör produzieren, tun dies ausschließlich für den heimischen Bedarf. Die neue M-4 Rakete, mit 4 500 km Reichweite, 6 Sprengköpfen à 150 kt Sprengkraft und MIRV-Technik (das ist nicht unumstritten) ist ein technologisches Spitzenprodukt, der neue Sprengkopf TN-71 soll die Qualität des US-Sprengkopfes Mk-12 a erreichen.[79] Devisen auf dem Weltmarkt kann man damit aber nicht verdienen.

Die französische Rüstungsindustrie darf aus zwei Gründen den Anschluß an die technologische Spitze nicht verpassen.

Der eine ist strategisch-politischer Art. Veraltete Waffen, in geringen Stückzahlen, wirken nicht abschreckend. Die Mikroelektronik zieht in immer mehr Bereiche ein. Für Positionsbestimmung und Zielplanung der strategischen Atom-U-Boote (SNLE) braucht man Satellitensysteme, auch für die Überwachung von Rüstungskontrollmaßnahmen, die Bedeutung der C^3 I Systeme (contrôle, commande, communication, intelligence) nimmt zu.[80] Neue Munitionsarten, intelligent genannt, der 3. Generation, so z.B. Panzerabwehrraketen, sind in der Entwicklung, erste Systeme werden bereits eingeführt.[81] Dafür muß auf militärischem Gebiet intensiv geforscht werden, um die eigenen Produkte auf höchstmöglichem Niveau zu halten. 1985 gab Frankreich 15,4 Mrd. Franc für militärische Forschung aus, die Bundesrepublik dagegen 7,25 Mrd.[82] Dennoch reicht das nicht, um alle Bereiche der Bewaffnung abzudecken. Die französischen Panzer sind veraltet, werden erst ab 1992 ersetzt.

Der andere Grund ist der Weltmarkt. Nur effiziente und in der Regel nur die modernsten Waffensysteme haben Aussichten, Käufer zu finden. Deshalb muß, wer so stark vom Rüstungsexport abhängt, technologische Spitzenprodukte anbieten. Deren Entwicklung ist jedoch teuer, die immer stärkere Technisierung bewirkt immense Preisschübe von einer Waffengeneration zur nächsten, die Entwicklungskosten nehmen einen immer höheren Anteil in Anspruch, damit steigen die Stückkosten, die Zahl der absetzbaren Exemplare, geht, bei knapper werdenden Mitteln im Militärbereich, zurück.[83]

Die Lösung dieser Probleme wird durch Kooperation gesucht. Durch sie werden die Entwicklungskosten geteilt, die höheren Stückzahlen verbilligen die Produktion. Die Militärs lieben Koproduktionen nicht sehr, weil sie zu Kompromissen und Verzögerungen etc. führen.[84] Wie das Beispiel Tornado zeigt, kann letztlich eine Verteuerung entstehen. Die französische Rüstungsindustrie kooperiert seit langem mit ausländischen Partnern, hauptsächlich in der Bundesrepublik. Die Exporterfolge HOT, MILAN und ROLAND stammen aus deutsch-französischer Zusammenarbeit.[85] Frankreich drängt bei allen möglichen Gelegenheiten, sei es im Rahmen der WEU oder des Elysée-Vertrages, auf eine stärkere Rüstungskooperation.

Generalstabschef Lacaze forderte vor dem IHEDN den Aufbau einer europäischen Rüstungsindustrie, ein einzelnes Land, die notwendigen Mittel nicht mehr aufbringen.[86]

Der wirtschaftlich und technologisch stärkste Staat Westeuropas ist die Bundesrepublik, die bereits Frankreichs wichtigster Handelspartner ist. So konzentrieren sich die französischen Bemühungen stark auf die Bundesrepublik, wenn eine stärkere technologische Kooperation, zivil oder militärisch, erreicht werden soll. Zum Spitzentechnologiebereich gehört auch die Raumfahrt, in der Frankreich ehrgeizige Ziele verfolgt: eigene Übertragungs- und Beobachtungssatelliten, eine eigene Raumfähre und die neue Europarakete Ariane V.[87] Dabei ist eine starke militärische Komponente im Spiel. Für die militärische Nutzung des Weltraums hat Frankreich eine eigene Arbeitsgruppe eingerichtet, die bereits ein dreistufiges Orientierungsprogramm entworfen hat.[88] Das wird teuer werden. Mit den Worten von Generalstabschef Lacaze ausgedrückt: „Die europäische Zusammenarbeit auf dem Gebiet der Verteidigung entspricht einer zwingenden Notwendigkeit. ... Zweifelsohne kann keine europäische Nation alleine, ohne Kooperation, das Grundproblem der Finanzierung einer modernen Rüstungsindustrie lösen. ... Wenn Deutschland und Frankreich gegenwärtig recht eng miteinander verbunden sind, so schließt diese Kooperation keinen europäischen Partner aus."[89]

In der Rüstungskontrolle hat sich Frankreich bisher nicht sehr stark engagiert. Seine ablehnende Haltung gegenüber den Rüstungskontrollbemühungen der Supermächte war und ist von zwei Begründungen geprägt:

1. Die französische Atomstreitmacht stelle das absolute Minimum an Abschreckungsfähigkeit dar, was eine Verringerung ausschließe und eine Begrenzung erst dann zulasse, wenn die Potentiale der Supermächte entsprechend reduziert seien.
2. Qualitative Beschränkungen seien infolge des französischen Rückstands (die erste Atombombe zündete Frankreich 1960) nicht akzeptabel. Frankreich unterzeichnete nur den Antarktis-Vertrag (1960) und den Vertrag zum Verbot der Stationierung von Massenvernichtungsmitteln im Weltraum. Es trat 1974 dem Vertrag von Tlateloco bei, der die Atomwaffenfreiheit Lateinamerikas beinhaltet. Dem Atomwaffensperrvertrag (NPT) stimmte Frankreich nicht zu, erklärte aber, sich vertragskonform verhalten zu wollen.[90]

Die Salt-Verhandlungen betrachtete man in Frankreich mit Mißtrauen, denn da verständigten sich die Supermächte über die Köpfe der anderen Staaten hinweg, das war ‚Jalta pur'. Man sprach von ‚collusion', ‚condominium' und ‚connivence' der Supermächte.[91]

Ein Teil des SALT I-Vertrages war für Frankreich allerdings sehr wichtig. Der Anti-Ballistic Missile-Vertragsteil (ABM) beschränkte die Zahl der Raketenabwehrsysteme für USA und UdSSR auf je eines und verbot, ABM-Systeme oder Bestandteile zu entwickeln, zu erproben oder zu dislozieren, die see-, luft-, weltraum- oder beweglich landgestützt sind.[92] Diese Regelung bot der französischen Abschreckung des Schwachen gegenüber dem Starken große Vorteile. USA und UdSSR verzichteten damals auf den Bau umfassender Raketenabwehrsysteme, was die Eindringfähigkeit ballistischer französischer Atomraketen begünstigte. Es war nicht nötig, übermäßig viel Geld für Eindringhilfen (wie Köder, elektronische Maßnahmen, gehärtete und steuerbare Sprengköpfe etc.) auszugeben oder völlig neue Waffensysteme zu entwickeln.

Das amerikanische SDI-Programm droht, diese Lage gründlich zu ändern. Gegenwärtig wird das Projekt noch als Forschungsprogramm geführt, spätestens beim Eintritt in weitere Stadien würde der ABM-Vertrag hinfällig, denn lediglich die Erforschung fällt nicht unter die Verbotsregelung.[93] Von interessierter Seite wird in den USA schon kräftig gegen den ABM-Vertrag angegangen. Fred Iklé, Staatssekretär im US-Verteidigungsministerium, argumentiert, die UdSSR habe sich noch nie an Rüstungskontrollvereinbarungen gehalten.[94]

Die Durchführbarkeit eines Raketenabwehrsystems im Weltraum, das in der Lage ist, 99% der anfliegenden Interkontinentalraketen zu zerstören, wie das der von Reagan angekündigten Planung entspräche, ist sehr umstritten.[95] Die Kosten werden auf 1 000 Milliarden Dollar geschätzt.[96] Vielfach wird angenommen, es sei lediglich möglich, Teilsysteme des geplanten, vierfach gestaffelten Raketenabwehrsystems zu verwirklichen, womit der Schutz von militärischen Einrichtungen, von Raketenbasen, Befehlsbunkern etc., möglich wäre.

Laut Lellouche reichen 40% Wirksamkeit aus, um diese Einrichtungen gegen counter-force Schläge zu schützen. Die bodengestützten Teilsysteme, die dafür nötig wären, sollen bis Ende des Jahrtausends verfügbar sein.[97]
Selbst die Kräfte in den USA, die am stärksten auf die Entwicklung von SDI drängen, behaupten nicht, es sei unüberwindlich. Die Argumentation von Staatssekretär Iklé, der zu diesen Unterstützern zählt, ja als deren strategischer Vordenker betrachtet werden muß, sieht anders aus. Die Sowjetunion habe sich noch nie an Rüstungskontrollmaßnahmen gehalten, armscontrol sei gescheitert. Mit dem SDI-System verurteile man die sowjetischen Interkontinentalraketen (ICBMs) zur Wirkungslosigkeit, verhindere einen entwaffnenden Erstschlag gegen die US-ICBM Silos. Nach dem Aufbau von SDI würden die Sowjets einsehen, daß die weitere Entwicklung von ICBMs keinen Sinn mehr habe.
SDI sozusagen als pädagogisches Programm für die Sowjetunion.
Natürlich könnten strategische Bomber und Cruise Missiles nicht mit SDI bekämpft werden, so Iklé weiter, sie hätten jedoch viel längere Anflugzeiten als ICBMs und könnten nicht für einen Überraschungsangriff benutzt werden.[98]
Welche Teile von SDI auch immer verwirklicht werden können, der dann zwingende Wegfall des ABM-Vertrages und der Aufbau sowjetischer Raketenabwehrsysteme hätte für Frankreich weitreichende Folgen. Die Eindringfähigkeit der strategischen Atomraketen wären in Frage gestellt. Das von Präsident Reagan geforderte Ende der Abschreckung, der Mutual Assured Destruction (MAD), würde praktisch die endgültige strategische Abkopplung der USA von Westeuropa bedeuten, die Infragestellung der französischen Atomwaffen. Das Forschungsprogramm SDI ist auf 26 Mrd. Dollar veranschlagt, die alle in Bereiche der Hochtechnologie fließen würden und wegen des militärischen Charakters bei der Weitergabe starken Beschränkungen unterliegen werden.[99]
In Frankreich, doch nicht nur da, hat man Angst, durch den SDI-Technologieschub, von dem man weitgehend abgeschnitten zu sein fürchtet, endgültig den Anschluß an die USA und Japan zu verlieren. Die Angst vor der technologischen Rückständigkeit ließ Frankreichs Präsidenten Mitterrand am 17. April 1985 das Eureka-Programm verkünden, Europa müsse ein ‚technologisches Jalta' verhindern. Eureka sollte zunächst sechs Projektbereiche umfassen, die von einer Behörde betreut und gefördert werden sollten (European Research Coordination Agency = Eureka). Frankreich betonte stark den zivilen Charakter des Eureka-Programms, um es nicht zu stark in Gegensatz zum SDI-Programm erscheinen zu lassen, denn die USA forderten die westeuropäischen Verbündeten auf, sich daran zu beteiligen und dafür Regierungsverträge abzuschließen. Eureka wurde als reines Technologieprogramm dargestellt.[100] Dennoch hat Eureka auch militärische Aspekte. „Eine ‚militärische' Leseweise des Eureka-Programmes läßt den Gedanken aufkommen, dieses Projekt könnte anderen als rein zivilen Zwecken dienen."[101] Die Untersuchung in ‚Le Monde diplomatique' nennt folgende militärisch nutzbare Bereiche: C^3 I (Computer, schnelle Mikroprozessoren, Übertragungssysteme), Raumfahrt (Beobach-

tungssatelliten) und Laser (Kohlendioxid-, Excimer- und freie Elektronen-Laser). Auch Seitz, Planungschef im Auswärtigen Amt, betont den engen Zusammenhang militärischer und ziviler Technologien.[102] Mitterrand in Den Haag und Hernu wiesen auf die defensive militärische Nutzbarkeit des Weltraums hin.[103]

In jüngerer Zeit ist von einer Europäischen Verteidigungs-Initiative (EVI) die Rede, in der Bundesrepublik vertreten Strauß, Dregger und Ex-General Schmückle solche Forderungen,[104] in Frankreich vertreten RPR und UDF Ähnliches (siehe Kapitel 6.1.). Generalstabschef Lacaze forderte Machbarkeitsstudien über Anti-Satellitensysteme auf Basis einer ballistischen Rakete. Verteidigungsminister Hernu erklärte, Frankreich arbeite an Antiraketensystemen.[105]

Bei Eureka, im Technologie- und Weltraumbereich ist Frankreich gleichfalls auf eine enge Kooperation mit der Bundesrepublik aus. Was für die Rüstungsindustrie gilt, ist auch hier richtig: Alleine geht nichts, bevorzugter Partner ist aus verschiedenen Gründen die Bundesrepublik. Sie ist technologisch stark, die Kooperation der beiden Staaten in Schlüsselbereichen würde die Einbindung in Westeuropa noch verstärken.

Aber die Bundesregierung hält sich zurück. Für Eureka werden keine zusätzlichen Mittel bereitgestellt, sondern nur der Forschungshaushalt umgeschichtet, vielmehr will sich die Bundesregierung am SDI-Programm beteiligen.[106] Kanzler Kohl und sein Berater Teltschik wollen eine Entscheidung über die Beteiligung an SDI noch vor Weihnachten 1985 herbeiführen, CSU-Chef Strauß will das auch.[107] Außenminister Genscher und die FDP dagegen bevorzugen Eureka und die europäische Schiene.[104] Doch hat es den Anschein, als habe die FDP mittlerweile in eine Beteiligung an SDI auf offizieller Ebene, qua Rahmenabkommen oder Briefwechsel, eingewilligt.[108]

Die französische Rüstungspolitik, so war zu zeigen, ist eng mit der Bundesrepublik verknüpft. Die Erhaltung einer eigenständigen Rüstungsindustrie erscheint Frankreich nur noch in europäischem Rahmen möglich, bevorzugter Partner bei der Kooperation war und ist die Bundesrepublik. Dazu verfolgt Frankreich ehrgeizige Raumfahrtprogramme, zivil und militärisch, auch dabei wäre der finanzielle und technologische Beitrag der Bundesrepublik sehr wichtig. Nicht umsonst drängt die französische Regierung seit Jahren auf eine bundesdeutsche Beteiligung am SAMRO-Satelliten und einem Beobachtungssatelliten zweiter Generation.

Die SDI-Initiative der USA stellt die Partner Frankreich und Bundesrepublik, sowie die anderen westeuropäischen Staaten, vor die Alternative, entweder jeder getrennt mit den USA eine Beteiligung am Kuchen auszuhandeln, in der Hoffnung, etwas vom Technologieschub abzubekommen. In diesem Fall hätte die alte atlantische Bindung obsiegt, die USA hätten sich ein weiteres Mal als der dominierende Faktor über den deutsch-französischen Beziehungen erwiesen. Oder sie versuchen gemeinsam, via Eureka, den perzipierten technologischen Rückstand aufzuholen. Entscheidende Bedeutung kommt der Haltung der Bundesregierung zu. Die Angelegenheit reicht weit über den Technik-

aspekt hinaus. Hinzu kommt die strategische Abkopplung Westeuropas bei Verwirklichung von SDI. Die Bundesrepublik, in französischen Augen durch die Nachrüstung erst mühsam wieder angekoppelt, stünde dann, mehr noch als Frankreich, schutzlos da. Wie wird sie darauf reagieren?
Im folgenden soll die Rüstungsverflechtung zwischen Frankreich und der Bundesrepublik aufgezeigt werden, die Notwendigkeit für Frankreich, vor allem mit der Bundesrepublik zu kooperieren. Dann ist die Lage zu untersuchen, die durch SDI und Eureka entstanden ist, ihre Folgen für die französische Wahrnehmung des Sicherheitsproblems Bundesrepublik, das diesmal nicht nur über die eigene Orientierung entscheiden muß, sondern dessen Festlegung Auswirkungen auf die Unabhängigkeit der französischen Verteidigungspolitik haben wird. Diese ist für Frankreich alleine längerfristig nicht mehr finanzierbar.

5.2.1. Französische Rüstungspolitik: Der Zwang zu Export und Kooperation

Die französische Rüstungsindustrie hat eine für westliche Verhältnisse einmalige Struktur. Fast alle Rüstungsbetriebe sind im Besitz des Staates, 1981 gingen mit Matra und Dassault (51%) die beiden letzten großen Rüstungsfirmen aus Privatbesitz in Staatsbesitz über.[109]
Die Spitze der staatlichen Struktur stellt die Délégation Générale pour l'Armement (DGA) dar, sie wurde 1961 gegründet und untersteht direkt dem Verteidigungsministerium. Die DGA unterhält Verwaltungsabteilungen für Planung und Industrie (DPAI), Überwachung der Rüstungsindustrie (SIAR), Personalwesen (DPAG) und Forschung (DRET). Daneben gibt es eine eigene Abteilung für die Förderung des Rüstungsexports (DAI).
Zusätzlich existieren vier technische Abteilungen, denen eigene Rüstungsbetriebe unterstehen. Die DTAT ist für die Ausrüstung des Heeres zuständig (Eigenbetrieb: GIAT), DTCN versorgt die Marine, auch mit Atom-U-Booten, durch eigene Werften, DTCA ist für die Luftwaffe zuständig, produziert aber nicht selber, sondern gibt die Aufträge an die (staatlichen) Unternehmen Matra, Dassault, SNECMA und SNIAS (Aérospatiale) weiter. Die DTE baut die Atomraketen. 30% von Frankreichs Forschungsgeldern fließen in den militärischen Bereich, 1981 waren 280 000 Menschen in der Rüstungsindustrie beschäftigt,[110] für 1985 gibt Heisbourg die Zahl 350 000 an.[111] Die Rüstungsindustrie arbeitet zu 40% für den Export, ihr Beitrag zum Ausgleich der französischen Handelsbilanz ist beträchtlich, 1983 erzielte der Rüstungsexport einen Überschuß von 24 Mrd. Franc (nach Abrechnung der geringen Importe).[112] Die große Bedeutung der Rüstungsindustrie wird immer wieder betont, so z.B. im loi-programme 1984 - 88, wo es heißt, sie liefere einen bedeutenden Betrag zur Beschäftigung und dem Fortschritt in der Spitzentechnologie.[113] Kaum eine

Ansprache von Premier-, Verteidigungsminister oder Generalstabschef vor dem IHEDN versäumt es, das zu betonen.

Rüstungsexporten wird von Frankreich auch politische Bedeutung beigemessen. Schon im Weißbuch von 1972 wird gesagt, Frankreich könne sich den Bitten anderer Länder um Waffen nicht entziehen, wenn es für jene darum gehe, sich von den Großmächten unabhängig zu machen. Außerdem erlaubten die Waffenexporte Frankreich, mäßigend zu wirken, es liefere keine Waffen, wenn damit Aggressionen gefördert würden.[114] Premierminister Mauroy meinte 1981, Frankreich fühle sich nicht zum Waffenhandel berufen, aber es erhöhe damit den Spielraum seiner Partner, weil diese nicht von den Großmächten abhängig würden. Die Ausstrahlung der Rüstungsindustrie komme von ihrer Unabhängigkeit.[115] Die linke Regierungskoalition hat an der Rüstungsexportpolitik nichts geändert, es wurde lediglich gesagt, man werde nicht an faschistische Regime liefern. Seit 1982 ist der Verteidigungsminister verpflichtet, dem Parlament regelmäßig über die Entwicklung des Rüstungsexports zu berichten.[111] 1984 wollte die Regierung explizit die Waffenausfuhr ankurbeln, der bedeutendste Erfolg war der Abschluß eines Geschäfts von 35 Mrd. Franc Volumen mit Saudi-Arabien.[116]

Einen großen Anteil am französischen Rüstungsexport haben die deutsch-französischen Gemeinschaftsprodukte. Bis 1982 wurden 130 000 Milan-, 33 000 HOT-Panzerabwehrraketen und 10 000 Roland-Flugabwehrraketen verkauft. Diese Systeme wurden von MBB (Messerschmidt-Bölkow-Blohm) und Aérospatiale (SNIAS) gemeinsam entwickelt, zum Vertrieb dient die Firma Euromissiles, eine Tochter der beiden Unternehmen, die 1970 im Rahmen eines Regierungsabkommens gegründet wurde, das auch die Einrichtung von zwei Programmbüros für den besseren Absatz der Waffen regelte.[117]

Weil bundesdeutsche Gesetze die restriktive Handhabung von Waffenexporten vorsehen,[118] wurde 1971/72 zwischen der Bundesrepublik und Frankreich ein Rahmenabkommen zum Export von Waffen aus Gemeinschaftsproduktionen geschlossen, in dem die Bundesrepublik auf Einspruchsrechte weitgehend verzichtet.[119]

Die Notwendigkeit deutsch-französischer Rüstungskooperation wird allenthalben betont, ob in den beiden zitierten Seitz-Papieren oder im Rahmen des Elysée-Vertrags. In einem Interview mit der Zeitschrift Wehrtechnik meinte Verteidigungsminister Hernu: „Die Entwicklung der europäischen Verteidigungsindustrie ist eine der unerläßlichen Vorbedingungen zur Verstärkung der Sicherheit in Europa. In diesem Rahmen nimmt die Zusammenarbeit mit der Bundesrepublik Deutschland selbstverständlich einen Vorzugsplatz ein."[120] Auf institutioneller Ebene solle die Kooperation im Rahmen der WEU vorangetrieben werden, sagte Hernu.

Im November 1984 trat erstmals seit vielen Jahren die Unabhängige Europäische Programmgruppe (UEP oder GIEP) auf Ministerebene zusammen.[121] Diese Gruppe besteht aus den europäischen NATO-Staaten und Frankreich, sie entstand 1976 im Rahmen des Gerangels um Standardisierung oder Interoperabilität der Bewaffnung der westlichen Staaten, wobei es im wesentlichen um Marktanteile ging. Daneben sollte Frankreich über die Standardisierung und Rüstungskooperation wieder in die NATO gezogen werden.[122] Für die Bundesrepublik spielt diese Absicht bei der Zusammenarbeit mit Frankreich bis heute eine Rolle.[123]

Ziel der französischen Politik ist eine europäische Rüstungsindustrie, nach Lacaze und Hernu. Im Rahmen eines Briefwechsels zum TKF 90 (Taktisches Kampfflugzeug für die 90er) schlug Mitterrand Kanzler Kohl die Schaffung einer westeuropäischen Militärluftfahrtindustrie vor.[124] Nach Lellouches Meinung müssen die Europäer in den nächsten fünf Jahren eine gemeinsame Rüstungsindustrie aufbauen oder sie werden in den Status bloßer Zulieferer der USA absinken.[125]

Die deutsch-französische Rüstungskooperation hatte einige große Erfolge. Dazu zählen HOT, MILAN, Roland und Roland. Im Mai 1984 wurde ein Abkommen über den gemeinsamen Bau eines Panzerabwehrhubschraubers in drei Versionen erzielt.[126] MBB und Aérospatiale bauen gemeinsam den Überschall-Seeziel-Flugkörper ANS[127], wobei die Teilnahme der deutschen Seite erst durch die Auflösung der WEU-Rüstungsbeschränkungen ermöglicht wurde, denn die Reichweite der ANS beträgt 200 km.

Es gab aber auch Fälle des Scheiterns. 1982 war für das deutsch-französische Panzerprojekt im Bundestag Endstation. Frankreich baut seinen Panzer, der ab 1992 eingeführt wird,[128] die Bundesrepublik hielt am Leopard II fest. 1982 wurde die Arbeit am optischen Aufklärungssatelliten SAMRO eingestellt, aus technischen und finanziellen Gründen, die Bundesregierung wollte sich nicht beteiligen.[129]

Um das TKF gab es lange Auseinandersetzungen. Im Juli 1984 hatten Frankreich, Großbritannien, Spanien, Italien und die Bundesrepublik beschlossen, das Flugzeug gemeinsam zu bauen. Danach entwickelten sich Differenzen um die industrielle Führung, Anteile am und Definition des Flugzeugs, Frankreich schien sich im Juli 1985 endgültig von dem Projekt zurückzuziehen.[130] Letztendlich will sich Frankreich doch in geringem Umfang beteiligen.[131] Der Grad der Beteiligung ist eher symbolisch, sie erfolgt aus politischen Gründen. Die Bundesregierung soll sich stärker engagieren, das ist aus französischer Sicht unabdingbar.

Im Bereich der Raumfahrt verfolgt Frankreich ehrgeizige Ziele. Bisher wird der europäische Fernmeldesatellit Telecom 1 von Frankreich für das Syracuse-System teilweise militärisch genutzt.[132] Frankreich ist Mitbenutzer des US-NAVSTAR-Systems (Navstar ist ein erdumspannendes System, bestehend aus 18 Satelliten, das die genaue Positionsbestimmung auf hoher See für Atom-U-Boote und die Zielführung ballistischer Raketen über Tausende von Kilometern mit einer Zielgenauigkeit von wenigen Metern erlaubt. Es befindet sich seit 1984 im Aufbau und wird 1988 fertig sein[133]). Getreu seinem Streben nach Unabhängigkeit, will Frankreich sich möglichst schnell von diesem System lösen.

Die Planung der französischen Arbeitsgruppe für den Weltraum sieht folgendes vor:

Kurzfristig (1985 - 1992) sollen ein Kommunikationssatellit (als Ersatz für Syracuse mit Telecom 1-Benutzung) und ein optischer Aufklärungssatellit (SAMRO) in Umlauf gebracht werden. Dieser Teil des Plans ist von der Regierung schon im Mai 1984 verabschiedet worden, seine Kosten sollen sich auf 20 Mrd. Franc belaufen.

Mittelfristig (1995 - 2005) soll ein erdumspannendes Netz von Kommunikationssatelliten, Aufklärungssatelliten (mit optischen, infrarot- und elektromagnetischen Sensoren, Radar) und ein satellitengeschütztes Navigationssystem (NAVSTAR-Ersatz) geschaffen werden. Dieses Vorhaben soll mit Beteiligung europäischer Partner durchgeführt werden, womit primär die Bundesrepublik gemeint war.

Langfristig sollen Machbarkeitsstudien zu einem Antisatellitensystem auf Basis einer ballistischen Rakete durchgeführt werden.[134]

Im Rahmen der ESA (European Space Agency) wird die neue Ariane V-Rakete gebaut. Daneben hat Frankreich den Bau einer Raumfähre ‚Hermes' beschlossen, nachdem die europäischen Partner mit der Beteiligung zögerten.[135] Die Bundesregierung entschied sich für eine Beteiligung an der US-Columbus-Raumstation, mit 3 Mrd. DM bis 1996, was von französischer Seite als schwerer Rückschlag für die Zusammenarbeit im Weltraum angesehen wird.[136]

Die französischen Weltraumpläne, soviel wird ersichtlich, lassen sich mittel- und langfristig nur im europäischen Rahmen, mit Beteiligung zumindest der Bundesrepublik, verwirklichen. Deshalb wollte Frankreich eine bundesdeutsche Beteiligung am Satellitenprogramm, vor allem an den Aufklärungssatelliten 1. (SAMRO) und 2. Generation. Beim deutsch-französischen Gipfel im Mai 1984 sagte die Bundesregierung zu, eine Beteiligung zu prüfen. In der Bundesrepublik wurden die Kosten dafür auf 15 Mrd. DM geschätzt.[137] Diese Beteiligung wurde von deutscher Seite beim Gipfel Anfang November 1985 endgültig abgesagt, die Kosten seien inakzeptabel, außerdem bestehe kein militärischer Bedarf.[138] Doch gab es dazu in der Bundesregierung unterschiedliche Auffassungen, Planungschef Seitz z.B. forderte eine Beteiligung am französischen Programm.[139] Nach der Bevorzugung von Columbus gegenüber Hermes ist diese Absage der Bundesregierung ein zweiter schwerer Rückschlag für Frankreich, in dessen Augen es um die Erhaltung einer eigenständigen Rüstungsindustrie, um Unabhängigkeit gegenüber den USA und die Nutzung der zukunftsträchtigen Raumtechnologie in europäischem Rahmen geht.

5.2.2. SDI und Eureka

Die strategische Verteidigungsinitiative der USA stellt für Frankreich eine Bedrohung auf drei Ebenen dar:

1. Die strategische Abkopplung der USA und Destabilisierung der Lage. „Schließlich, und das ist für uns Europäer entscheidend, würde die Entwicklung defensiver Systeme die Gefahr schaffen, bei unseren Partnern das Gefühl der Abkopplung ihrer Sicherheit von jener der Vereinigten Staaten zu verstärken", sagte Premier Fabius vor dem IHEDN.[140]
US-Staatssekretär Iklé fragt in seinem bereits angeführten Aufsatz, ob es denn im Interesse eines der Bündnismitglieder liegen würde, auf einen konventionellen Angriff der Sowjetunion in Mitteleuropa atomar zu reagieren.[141]
Kaum ist die Bundesrepublik mit der Nachrüstung mühsam wieder angekoppelt, drohen die SDI-Pläne der USA, alles wieder zunichte zu machen. Zwar bleiben noch einige Jahre Zeit bis zu ihrer Verwirklichung, in welchem Umfang auch immer, doch gilt es für Frankreich, bereits jetzt darauf zu reagieren. Die Lösung kann eigentlich nur darin bestehen, die Bundesrepublik für europäische Programme zu gewinnen, die nach französischer Auffassung der Sicherheit Westeuropas dienlich sind, wie eigene Weltraumaktivitäten, eventuell ein eigenes ABM-Programm und enge militärische Zusammenarbeit bei Strategie und Ausrüstung. Die zukünftige Gefährdung des Sicherheitsfeldes Bundesrepublik durch die US-Pläne erscheint größer, als sie zu Beginn der 80er war.
2. Die Infragestellung der französischen Atomwaffen. Französische Politiker und Experten sehen die atomare Abschreckung als für 20 weitere Jahre gesichert an.[142] Doch für die Zeit danach ist der Wert der bisher vorhandenen Systeme zweifelhaft. Er wird von der Qualität der sowjetischen Raketenabwehrsysteme abhängen. Die USA behaupten, die Sowjetunion arbeite seit langem an ABM-Systemen und besitze einen Vorsprung. Gesichert scheinen lediglich die Verbesserung des ‚Galosch'-Raketentyps, der im Abwehrsystem um Moskau verwendet wird, und die Fähigkeit, niedrigfliegende Satelliten mit vom Boden aufsteigenden Raketen abzuschießen.[143] Ob die Sowjetunion in der Lage sein wird, in den nächsten Jahrzehnten die vielfältigen Probleme eines umfassenden Raketenabwehrsystems zu lösen, muß, mehr noch als für die USA, bezweifelt werden, vor allem aufgrund des Rückstands bei Computern und in der Mikroelektronik. Dennoch wäre allein die Aufstellung einer großen Menge von Galosch-Raketen, die anfliegende Sprengköpfe in der Endphase des Flugs direkt zerstören, für Frankreich ein Desaster. Es verfügt nicht über genügend Sprengköpfe, um solche Systeme saturieren zu können, müßte entweder die Sprengköpfe manövrierfähiger machen und verkleinern, weitere Penetrationshilfen entwickeln oder völlig neue Systeme bauen, wie z.B. überschallschnelle Cruise Missiles. In jedem Fall wären immense Mehrkosten für die Atombewaffnung aufzubringen. Der neue Verteidigungsminister Quiles hat unterdessen die Entwicklung eines für Radar unsichtbaren Sprengkopfes angekündigt.[144]
Yves Boyer vom IFRI sieht in SDI u.a. den Versuch „bestimmter Kreise", die französische atomare Abschreckung zu unterminieren. „Das war in der

Entwicklungsphase der Fall wie beim Eintritt in die Reifephase, und jetzt erhofft man mit dem qualitativen Sprung durch SDI deren Scheitern und damit die Rückkehr Frankreichs in die NATO.“[145]

3. Der technologische Schub durch SDI. Die USA wollen für das SDI-Forschungsprogramm in 5 Jahren 26 Mrd. Dollar ausgeben. Das wird der Technologieentwicklung in den USA einen gehörigen Schub verleihen, unabhängig davon, ob das System so funktionieren wird wie gewünscht oder nicht. Die französische Rüstungsindustrie hat bereits jetzt Befürchtungen in Hinsicht auf Vorteile der US-Konkurrenz durch Auswirkungen und Produkte des Programms.[146] Die Vorteile blieben nicht auf militärische Bereiche beschränkt, die Spitzentechnologie macht die Unterscheidung zivil-militärisch immer schwieriger. Durch die Zugehörigkeit zu SDI unterlägen die meisten technologischen Ergebnisse der Geheimhaltung, wären für Europa schwer- oder unzugänglich. Die USA haben in den letzten Jahren die Weitergabe von Technologie, auch an Verbündete, immer restriktiver gehandhabt.[147] Kurz, durch den Technologieschub von SDI wäre Westeuropa ohne eigene Programme noch mehr im Hintertreffen, als es bereits ist, würde technologisch den Anschluß verpassen, befürchtet man nicht nur in Frankreich.

In Reaktion auf SDI, auf Raketenabwehr- und Antisatellitenprojekte, unterbreitete Frankreich einen Vorschlag zur Rüstungskontrolle. Bereits bei seiner Rede vor den Vereinten Nationen 1983 hatte Präsident Mitterrand die quantitative und qualitative Begrenzung der strategischen Abwehrsysteme, neben der Verringerung der Potentiale der Großmächte und Reduzierung des konventionellen Ungleichgewichts in Europa, als Voraussetzung für die Beteiligung Frankreichs an atomarer Abrüstung genannt.[148]

Bei der Genfer UN-Abrüstungskonferenz legte Frankreich im Juni 1984 einen Rahmenentwurf für ein mulilaterales Abkommen mit vier Hauptpunkten vor:

1. Weitgehende Beschränkung von Systemen zur Bekämpfung von Erkundungssatelliten (in niedrigen Umlaufbahnen) und Verbot, Mittel zur Bekämpfung von geostationären Satelliten zu entwickeln.
2. Verbot, am Boden, in der Atmosphäre oder im Weltraum Waffen mit gelenkter Energie zur Vernichtung ballistischer Raketen zu stationieren sowie Versuche damit auszuführen. Das Verbot sollte zunächst auf fünf Jahre befristet werden, aber verlängerbar sein.
3. Verbesserung der Meldepflicht für künstliche Weltraumkörper, nach dem Abkommen vom 14.6.1975: Die Informationen über Beschaffenheit und Auftrag der Weltraumkörper sollten erweitert werden, um die Verifizierung zu erleichtern.
4. Die Verpflichtung der USA und der UdSSR aus dem ABM-Vertrag, welche die Unverletzlichkeit der Aufklärungssatelliten gewährleistet, solle auf alle Drittländer ausgedehnt werden.

Die europäischen Verbündeten zeigten Verständnis für diesen französischen Schritt, unterstützten ihn aber nicht.

Die französische Regierung wollte eine einheitliche westeuropäische Position zu SDI erreichen, aber recht schnell war klar, daß dies nicht gehen würde. Bei der Wehrkundetagung im Februar 1985 in München legte Verteidigungsminister Hernu die grundsätzliche Ablehnung Frankreichs von SDI dar, während Kanzler Kohl bei gleicher Gelegenheit einer Beteiligung zustimmte, trotz kritischer Fragen.[149] Beim Weltwirtschaftsgipfel in Bonn, Mai 1985, verkündete Präsident Mitterrand offiziell, Frankreich werde sich nicht an SDI beteiligen. Dagegen versuchen der Kanzler, sein Berater Teltschik und die CSU, ein offizielles Abkommen über die bundesdeutsche Teilnahme am SDI-Forschungsprogramm noch vor Weihnachten 1985 durchzubringen, wie bereits erläutert.
Auch in Frankreich gibt es Stimmen, die eine Beteiligung an SDI fordern, wie z.B. der Matra-Chef Lagardère und andere Industrieführer sowie Militärs.[150]
Dabei wird auch eine Europäische Verteidigungsinitiative erwogen, das heißt ein Abwehrprogramm gegen sowjetische Kurz- und Mittelstreckenraketen, ein Gedanke, der in der Bundesrepublik ebenfalls Parteigänger hat. Zu den Befürwortern eines Schutzes der Städte und militärischen Einrichtungen durch ein ABM-System zählt auch Lellouche.[151] In der Bundesrepublik sprach sich am deutlichsten Planungschef Seitz für eine europäische Verteidigungsinitiative aus. Diese sollte aus einer integrierten Luftabwehr (gegen Flugzeuge, Lenkflugkörper, Raketen), der Entwicklung intelligenter Waffen der 3. Generation und Beobachtungssatelliten bestehen.[152]
Als europäisches Technologieprogramm, das, im Gegensatz zu SDI, ziviler Natur sein sollte, verkündete Mitterrand im April 1985 das Eureka-Projekt. Der zivile Charakter wurde auch deshalb so betont, weil klar war, daß die Bundesrepublik nie zu einer Beteiligung an einem militärischen Gegenprojekt zu SDI zu bewegen sein würde, wie dieErfahrungen der Vergangenheit gezeigt hatten. Man wollte die Bundesrepublik nicht vor die Wahl SDI oder Eureka stellen.[153]
Was Frankreich sich erhoffte, sah so aus: Die Bundesrepublik würde sich an SDI in geringem Umfang beteiligen, technologisch jedoch auf Europa und Eureka setzen.
Dabei ist Eureka nicht so zivil, wie es scheinen mag. 1983 nannte Premierminister Mauroy fünf militärische Forschungsbereiche mit Vorrang: – professionelle Elektronik; – Informatik; – Automatisierung; – Aufklärungssysteme; – Optronik.[154] Die zunächst sechs Forschungsbereiche, die für Eureka genannt wurden, lauteten: – Mikroelektronik; – superschnelle Computer; – künstliche Intelligenz; – Laser, Teilchenstrahler; – neue Werkstoffe; – Optronik.[155] Später wurde dieses Spektrum um vier Bereiche erweitert: – vollautomatische Fabriken; – Roboter der 3. Generation; – Elektronik unter extremen Bedingungen; – Bio-Technologien im Nahrungsmittelbereich.[156] Vor allem bei den erstgenannten sechs Bereichen ist eine gewisse Verwandtschaft zu den von Mauroy genannten militärischen Forschungsgebieten unverkennbar. Die Forschungsabteilung der DGA, die DRET, arbeitet schon seit langem an militärischen Lasern, wenngleich mit vergleichsweise geringem Aufwand.[157] Es ist, wie man es in Le Monde diplomatique ausdrückte, bei einer militärischen Lektüre des Eu-

reka-Programms der Eindruck zu gewinnen, es könne andere als nur zivile Implikationen haben.
Das Hauptziel von Eureka ist es zweifellos, die technologische Lücke zwischen Europa und USA, Japan zu schließen. Die französische Wirtschaftspolitik setzt auf Hochtechnologie und Modernisierung, der perzipierte Rückstand muß aufgeholt werden, das geht nur in europäischem Rahmen.[158] Wie ambitiös die Absichten sind, die Frankreich mit Eureka verfolgte, zeigt die Analyse in der Ausgabe vom August 1985 der Monde diplomatique. Frankreich hatte insgesamt 24 Projekte vorgeschlagen, in fünf Bereiche unterteilt: Euromatique, Eurobot, Eurocom, Eurobio, Euromat. In vielen Bereichen wurden Ziele angegeben, die das, was Japan und die USA erreichen wollen, um einige Male übertreffen, so z.B. bei Computern der 5. Generation und der Kapazität von Lasern.
Die französische Regierung hat für 1986 1 Mrd. Franc für Eureka bereitgestellt, in den nächsten fünf Jahren soll die Summe auf 7 bis 8 Mrd. Franc gesteigert werden. Ziel war es, im Rahmen des Eureka-Programms in fünf Jahren 55 Mrd. Franc auszugeben, durch Staat und Unternehmen.[159] Nach der ersten und zweiten Eurekakonferenz, im Juni und November 1985, bleibt von diesem ehrgeizigen Programm ein vergleichsweise kümmerliches Vorhaben.
Bei der 2. Eurekakonferenz in Hannover wurden 10 Projekte beschlossen: ein Europa Standard für Mikrocomputer im Erziehungs- und Hausgebrauch; ein sehr schneller Vektorenrechner; die Herstellung amorphen Siliciums; ein Textilroboter; der Eurolaser; das europäische Forschungsnetz; ein System zur Europa-weiten Schadstoffverfolgung; ein neues Diagnosesystem für Geschlechtskrankheiten; Filter für Schadstoffe; ein flexibles Fertigungssystem mit Einsatz von Optoelektronik. Militärische Projekte können im Eureka-Rahmen nicht angegangen werden, unter den mittlerweile 18 Teilnehmerstaaten sind die neutralen Länder Schweiz, Österreich und Schweden.
Das bundesdeutsche finanzielle Engagement für Eureka ist eher mager. Zusätzliche Mittel stellte die Bundesregierung nicht zur Verfügung, falls staatliche Mittel für Eureka bereitgestellt werden, so nur durch Umschichtung im Forschungshaushalt und zur Finanzierung von Bereichen, die öffentliche Aufgabe sind, wie z.B. das europäische Forschungsnetz.[160]
Eine solche Haltung ist für Frankreich sicherlich enttäuschend, verbindet man doch mit Eureka große Hoffnungen im Technologiebereich und bei der Kooperation. „Wenn die zersplitterten europäischen Unternehmen am ‚Krieg der Sterne' mitarbeiten, verurteilen sie das Europa der Technologie zum Scheitern – was das Zuschlagen der Tür zum politischen Europa nach sich zöge und sogar die Bewahrung der gegenwärtigen Gemeinschaft in Frage stellen würde."[161]
Die Regierung Kohl hat bisher die politischen Angebote Frankreichs, die auch hinter Eureka und den Weltraumprogrammen stehen, abgelehnt oder ihre Beteiligung gering bis symbolisch gehalten. Dazu gehören die abwartende Haltung gegenüber Hermes, die Ablehnung einer Beteiligung am Satellitenprogramm, das Kleinkochen des Eureka-Programms. Eine formale Beteiligung der Bundesregierung an SDI noch vor Weihnachten 1985, wie das Kanzler

Kohl und CSU-Chef Strauß wünschen, würde aus dem Jahr 1985 eines der schwärzesten in der Geschichte der deutsch-französischen Beziehungen seit dem 2. Weltkrieg machen, aus französischer Sicht.
Das Sicherheitsproblem Bundesrepublik erhält Virulenz in einer etwas anderen Hinsicht, als in der Arbeit bislang dargelegt. Durch die Verweigerung einer engen technologischen und militärisch-technischen Zusammenarbeit stellt die Bundesrepublik die Basis der französischen unabhängigen Verteidigungspolitik in Frage, da Frankreich die notwendigen Ausgaben keinesfalls alleine aufbringen kann, wie hier gezeigt wurde. Sollte die Bundesregierung beabsichtigen, Frankreich zur Rückkehr in die militärische Integration der NATO zu bewegen, müßte sie nur ihre gegenwärtige Politik fortsetzen, die in der Anknüpfung an die alte Priorität der Beziehungen zu den USA besteht, und Frankreich würde langfristig um diesen Schritt nicht umhinkommen.
Daneben bleibt durch SDI das Sicherheitsproblem Bundesrepublik in dem Sinne erhalten, wie es die Fragestellung dieser Arbeit formuliert. Langfristig wird es in der Bundesrepublik, bei stärkerer Perzeption der strategischen Folgen von SDI, dem Ende der atomaren US-Garantie für die Bundesrepublik, falls sie überhaupt noch besteht, stärkere Überlegungen geben, wie die eigene Sicherheit unter geänderten Voraussetzungen zu gewährleisten sein wird. Neben der europäischen Lösung, für die bislang Optionen nur von der SPD und der FDP vorliegen, wäre dann eine neuerliche neutralistische Strömung, die ein Arrangement mit der Sowjetunion sucht, eine weitere Möglichkeit. Zumindest wird das in Frankreich befürchtet.
Gegenwärtig kann man ohne Übertreibung von einer schweren Krise der deutsch-französischen Beziehungen reden. Die französischen Bemühungen zu stärkerer Einbindung der Bundesrepublik in Europa, auf politisch- institutionellem, bilateralem, technologischem und militärischem Gebiet, sind gescheitert oder hatten wenig Erfolg. „Europa dreht sich um die Achse Paris-Bonn, aber diese hat einen Sprung", stellt Roger de Weck, Frankreichkorrespondent der ‚Zeit', fest.[162]

Anmerkungen

1 Schütze, 1983, Dokumentation, a.a.O., S. 4 f;
2 Sirjacques, 1979, a.a.O., S. 34;
3 Grosser, 1984; a.a.O., S. 194;
4 Rühl, a.a.O., S. 168 - 172; Schütze, 1983, apuzg, a.a.O., S. 14;
5 nach: Rühl, a.a.O., S. 193;
6 Grosser, 1984, a.a.O., S. 197 f;
7 u.a. Rühl, a.a.O., S. 172; Schütze, 1983, apuzg, a.a.O., S. 6;

8 ebenda;
9 Rühl, a.a.O., S. 162;
10 ebenda, S. 188 f;
11 ebenda, S. 200;
12 ebenda, S. 169 - 234;
13 Ailleret, nach: Schütze, 1983, Dokumentation, a.a.O., S. 51;
14 ebenda, S. 52;
15 Fourquet, nach: Schütze, ebenda, S. 53 - 57;
16 ebenda, S. 57 - 62;
17 ebenda, S. 59; siehe auch: Rühl, a.a.O., S. 172 ff;
18 ebenda, S. 59;
19 Lellouche, Pierre: La France, les Salt et la sécurité de L'Europe, in: Politique Etrangère 4/1979, S. 254;
20 Chirac, Jacques: Au sujet des armes nucléaires tactiques françaises, in: Défense Nationale 5/1975, S. 15;
21 ebenda, S. 11;
22 ebenda, S. 12;
23 Méry: Une armée pour quoi faire et comment? in: Défense Nationale 6/1976, S. 11 - 34;
24 ebenda, S. 14;
25 ebenda, S. 17;
26 ebenda, S. 19 ff;
27 Allocution de M.Valéry Giscard d'Estaing, Président de la République, à l'occasion de sa visite à l'Institut des Hautes Etudes de Défense Nationale, in: Défense Nationale 7/1976, S. 5 - 20;
28 ebenda, S. 9;
29 ebenda, S. 15 ff;
30 Loi sur la programmation militaire 1976 - 82, in: Journal officiel de la République française, lois et décrets, 20 juin 1976, S. 3699 - 3707;
31 ebenda, S. 3700 f;
32 Schütze, 1983, Dokumentation, a.a.O., S. 17 und 75 f;
33 Le Monde, 13.12.1983;
34 Schütze, 1983, Dokumentation, a.a.O., S. 16;
35 Colard, in: Dokumente, a.a.O., S. 128;
36 Sirjacques, a.a.O., S. 65;
37 ebenda, S. 69;
38 siehe auch: Schütze, 1983, Dokumentation, a.a.O., S. 17;
39 Sirjacques, 1979, a.a.O., S. 73 f;
40 Le Monde, 13.9.1980;
41 Le Monde, 28.6.1980;
42 Le Monde, 20.6.1980;
43 Schütze, 1983, apuzg, a.a.O., S. 8;
44 Le Monde, 18.11.1983;
45 siehe dazu: Schütze, 1983, Dokumentation, a.a.O., S. 16 - 26;
46 Mauroy, Pierre: La Cohérence d'une politique de défense, in: Défense Nationale 10/1981, S. 27;
47 ebenda, S. 21;
48 ebenda, S. 22;
49 Hernu, Charles: Répondre aux défis d'un monde dangereux, in: Défense Nationale 12/1981, S. 5 - 23;
50 ebenda, S. 12;
51 Mauroy, Pierre: Vers un nouveau modèle d'armée, in: Défense Nationale 11/1982, S. 9 - 28;
52 ebenda, S. 18;
53 Hernu, Charles: Face à la logique des blocs, une France indépendante et solidaire, in: Défense Nationale 12/1982, S. 7 - 21;
54 ebenda, S. 14 ff;
55 Le Monde, 7.12. und 16.12.1982; Lellouche, 1985, a.a.O., S. 275;

56 Hernu, in: Défense Nationale 6/1983, S. 11 - 29;
59 ebenda, S. 17;
60 ebenda, S. 21;
61 ebenda, S. 22;
62 Lellouche, 1985, a.a.O., S. 272;
63 nach: ebenda, S. 272;
64 Adrets, in: Politique Etrangère, a.a.O., S. 659 f;
65 Loi sur la programmation militaire 1984 - 1988, in: Journal officiel da la France, lois et décrets. 9 juillet 1983, S. 2115;
66 ebenda, S. 2116;
67 Lacaze, Jeannou: L'avenir de la défense française, in: Défense Nationale 7/1985, S. 24 f;
68 Adrets, in: Politique Etrangère, a.a.O., S. 659 ff;
69 siehe dazu: Magenheimer, Heinz: Rogers-Plan, „AirLand Battle" und die Vorneverteidigung der NATO, S. 1 - 18; Stratmann, Klaus-Peter: „AirLand Battle" – Zerrbild und Wirklichkeit, S. 19 - 30, beide in: apuzg, 1.12.1984; Die Grünen im Bundestag: Angriff als Verteidigung: AirLand Battle, AirLand Battle 2 000, Rogers-Plan, Bonn/Hamburg, 1984;
70 Journal officiel, 1983, a.a.O., S. 2117;
71 Heisbourg, François: Défense et sécurité extérieure: le changement dans la continuité, in: Politique Etrangère 2/1985, S. 386;
72 Boyer, Yves: Die französische Verteidigungspolitik und die neue Mehrheit, Frankfurt/M., S. 37;
73 Adrets, in: Politique Etrangère, a.a.O., S. 655;
74 nach: Lellouche, 1985, a.a.O., S. 270;
75 Colard, in: Dokumente, a.a.O., S. 126;
76 Le Monde, 4.7.1985;
77 FAZ, 4.11.1985;
78 Heisbourg, in: Politique Etrangère, a.a.O., S. 388;
79 ebenda, S. 392; Boyer, 1983, a.a.O., S. 28; Le Monde, 18.11.1983; Schütze, 1983, apuzg, a.a.O.:, S: 10; Bournazel, et alii, 1983, a.a.O., S. 154; Aurillac, Michel: Réflexions sur la défense, Paris 1983, S. 39;
80 siehe dazu: Passadeos, Christos/Rudnianski, Michel: Une mince frontiére entre recherches civiles et potentialités militaires, in: Le Monde diplomatique, août 1985;
81 siehe dazu: Kronshage, Jürgen: Neue konventionelle Waffensysteme, in: Konventionelle Rüstung, ami 7/83, S. Y-117 - 123;
82 Heisbourg, in: Politique Etrangère, a.a.O., S. 397;
83 Daten und Fakten, ami 9/85, S. C-13 f;
84 Sirjacques, 1979, a.a.O., S. 27 ff;
85 Benecke, Lars/Kraft, Ulrich: Gemeinsam vor der technischen Herausforderung. Deutsch-französische Kooperation in Rüstung und Technologie, in: Dokumente 2/1985, S. 110 ff;
86 Lacaze, in: Défense Nationale 7/1985, a.a.O., S. 31 f;
87 Figaro, 1./2.6.1985; Le Monde, 12.6.1985;
88 Lacaze, in: Défense Nationale 7/1985, a.a.O., S. 26 f;
89 ebenda, S. 28 und 31;
90 Schütze, Walter: Frankreich und die Politik der Abrüstung und Rüstungsbegrenzung, in: Europa-Archiv Folge 1/1984, S. 2;
91 siehe dazu: Fontaine, 1981, a.a.O., S. 229 - 257;
92 Daten und Fakten, ami 9/85, S. M-8;
93 siehe dazu: Brauch, Hans-Günter: Angriff aus dem All, Berlin/Bonn 1984;
94 Iklé, Fred: Nuclear strategy: Can there be a happy ending? in: Foreign Affairs, Spring 1985, deutsch in: FAZ, 30. und 31.5.1985;
95 u.a. Der Spiegel 19/1985, S. 36 ff, und 20/1985, S. 72 ff;
96 Le Monde, 13.7.1984;
97 Lellouche, 1985, a.a.O., S. 230 ff;
98 Iklé, in: FAZ, a.a.O.;
99 siehe dazu: Seitz, Konrad: SDI – die technologische Herausforderung für Europa, in: Europa-Archiv, Folge 13/1985, S. 381 - 390;

100 Schütze, Walter: SDI oder Eureka. Die Position Frankreichs, in: apuzg, 1.11.1985, S. 35 f;
101 Passadeos/Rudnianski, a.a.O.;
102 Seitz, in Europa-Archiv 1985, a.a.O., S. 383 f;
103 Lellouche 1985, a.a.O., S. 219; Boyer, Yves: Raketenabwehr im Weltraum: Antwort auf eine moralische Frage oder Reform der Strategie? in: Europa-Archiv, Folge 15/1985, S. 474;
104 ami 19/85, S. D-31 f;
105 Frankfurter Rundschau, 22.7.1985;
106 Frankfurter Rundschau, 18.10.1985, FAZ, 18.10.1985;
107 FAZ, 4.11. und 25.11.1985;
108 FAZ, 12.11.1985;
109 Boyer, 1983, a.a.O., S. 17;
110 ebenda, S. 16 ff;
111 Heisbourg, in: Politique Etrangère, a.a.O., S. 388;
112 Le Monde, 9./10.6.1985;
113 Journal officiel, 1983, a.a.O., S. 2120 f;
114 Boyer, 1983, a.a.O., S. 21 f;
115 Mauroy, in: Défense Nationale 10/1981, a.a.O., S. 26;
116 Le Monde, 19.1.1984; zur Entwicklung und den Problemen des französischen Rüstungsexports, siehe: Le Monde, 9./10.6.1985; Abt, Thomas: Argumente zum Rüstungsexport am Beispiel Frankreichs, in: Die Neue Gesellschaft 6/1984, S. 529 - 533;
117 Benecke/Krafft, a.a.O., S. 110 ff;
118 siehe dazu: Brzoska, Michael: Rüstungsexportpolitik in der Bundesrepublik, in: apuzg, 5.5.1984, S. 15 - 25;
119 Wehrdienst, 4.2.1985; Benecke/Krafft, a.a.O., S. 117 f;
120 Wehrtechnik 9/1985, S. 18;
121 Benecke/Krafft, a.a.O., S. 115;
122 Sirjacques, 1979, a.a.O., S. 23 ff;
123 Schütze, in: ami 6/85, S. Y-48;
124 FAZ, 11.11.1985;
125 Lellouche, 1985, a.a.O., S. 242;
126 Benecke/Krafft, a.a.O., S. 111; Le Monde, 30.5.1985; Wehrtechnik 1/1985, S. 21 ff;
127 Wehrtechnik 1/1985, S. 44 ff;
128 Wehrtechnik 9/1985, S. 71 f;
129 Lellouche, 1985, a.a.O., S. 243;
130 Wehrtechnik 6/1985, S. 40 ff und 9/1985, S. 16 ff; ami 8/85, S. C-7 f;
131 FAZ, 11.11.1985;
132 Schütze, 1985, apuzg, a.a.O., S. 37;
133 Daten und Fakten, ami 9/85, S. F-18; Lellouche 1985, a.a.O., S. 214;
134 Lacaze, in Défense Nationale 7/1985, a.a.O., S. 26 f;
135 Le Monde, 12.6.1985; Figaro, 1./2.6.1985; FAZ, 10.5.1985;
136 Lellouche, 1985, a.a.O., S. 243;
137 FAZ, 7.11.1985;
138 FAZ, 9.11.1985;
139 Seitz, in: Europa-Archiv, 1985, a.a.O., S. 390;
140 Fabius, Laurent: La politique de défense: rassembler et moderniser, in: Défense Nationale 11/1984, S. 11;
141 Iklé, in: FAZ; a.a.O.;
142 Fontaine, André: La guerre froide dans l'espace, in: Le Monde, 13.7.1984;
143 siehe dazu: Brauch, a.a.O.; Jasani, Bhupendra/Lee, Christopher: Waffen im Weltraum. Countdown zum Krieg der Sterne. Ein SIPRI-Report, Reinbek 1985;
144 Le Monde, 13.11.1983;
145 Boyer, 1985, a.a.O., S. 468;
146 Le Monde diplomatique, août 1985, S. 18;
147 Boyer, 1985, a.a.O., S. 468; Seitz, 1985, a.a.O., S. 386 f;
148 Schütze, 1984, a.a.O., S. 8;
149 Schütze, 1985, apuzg, S. 32 f;

150 Le Monde, 6.3., 16.6. und 16.7.1985; Figaro, 4.6.1985;
151 Lellouche, 1985, a.a.O., S. 284;
152 Seitz, 1985, a.a.O., S. 389 f;
153 Défense Nationale 9/1985, S. 159 ff;
154 Mauroy Pierre: La stratégie de la France, in: Défense Nationale 11/1983, S. 19;
155 Le Monde, 19.4.1985;
156 Schütze, 1985, apuzg, S. 35;
157 Aurillac, 1983, a.a.O., S. 108;
158 siehe dazu: Uterwedde, Henrik: Mitterrands Wirtschaftspolitik – Was bleibt vom Sozialismus? in: apuzg, 11.5.1985, S. 3 - 13;
159 Le Monde diplomatique, août 1985, S. 22;
160 Frankfurter Rundschau, 18.10. und 7.11.1985; FAZ, 24.10. und 7.11.1985;
161 Julien, a.a.O., S. 13;
162 de Weck, Roger: Paris-Bonn – Un rendez-vous manqué? in: Documents 3/1985, S. 34 - 40.

6. Die Positionen der Parteien und die sicherheitspolitische Diskussion – mögliche Entwicklungen der französischen Sicherheitspolitik

Dieser letzte Punkt soll dazu dienen, die Positionen der französischen Parteien zu europäischer Verteidigung und sicherheitspolitischer Zusammenarbeit mit der Bundesrepublik zu untersuchen, um die Grenzen und möglichen künftigen Inhalte französischer Sicherheitspolitik gegenüber der Bundesrepublik auszuleuchten. Das gleiche gilt für die Diskussionen in der sicherheitspolitischen Gemeinschaft.

Im Frühjahr 1986 stehen in Frankreich Parlamentswahlen an, bei denen die sozialistische Partei mit Sicherheit die absolute Mehrheit verlieren wird. Eine Neuauflage der Linkskoalition, die 1984 durch den Austritt der Kommunisten aus der Regierung beendet wurde, ist nicht in Sicht, die KPF ist immer schwächer geworden.[1] Die Diskussion in den Parteien konzentriert sich seit Monaten auf die Frage, ob im Falle eines Wahlsieges von UDF und RPR diese zusammen mit einem sozialistischen Präsidenten regieren könnten, oder wollten, respektive, was der Präsident in einem solchen Fall unternehmen werde. Außen- und Verteidigungspolitik sind seit de Gaulle ‚domaines réservés' des Präsidenten, wenngleich das nicht ganz dem Willen der Verfassung entspricht, so Grosser. Mit der Einführung des Verhältniswahlrechts hat Präsident Mitterrand zudem die Bedingung für Koalitionen verbessert. Bisher streiten die Parteien jegliche Neigung zu neuen Bündnissen ab, doch ist die Frage, was nach einem Wahlausgang folgen würde, der es weder der sozialistischen Partei noch dem UDF/RPR-Bündnis erlauben würde, eine Regierung ohne Duldung durch weitere Parteien zu bilden. Die Bande RPR/UDF sind nicht so unverbrüchlich, als daß man neue Kombinationen à priori ausschließen könnte.[2]

6.1. Die Positionen der Parteien

Die größte Bewegung in die sicherheitspolitischen Standpunkte brachte in den 70ern Giscard d'Estaings Begriff des sanctuaire élargi (siehe Kap. 5.1.5.). Daraufhin übernahmen KPF und PS die atomare Abschreckung in ihre Programme, um die befürchtete Rückkehr in die militärische Integration der NATO zu verhindern (eine ausführliche Darstellung der Entwicklung der Parteipositionen findet sich bei Sirjacques[3]). Die KPF vertrat in der Sicherheitspolitik von nun an die gaullistische Orthodoxie, in der PS stritten sich die verschiedenen

Flügel um die Ausrichtung der Verteidigungspolitik. Der CERES-Flügel um Chevènement vertrat Auffassungen, die eng an die der KP angelehnt waren, während die Gruppe um Pontillon eher atlantisch orientiert war. Dazu kamen diejenigen, die nach wie vor die Atombewaffnung ablehnten (Ex-PSUler, Rocard, CFDT, linke Christen).[4] Schließlich setzte sich die Mitterrand-Hernu-Linie durch, begünstigt durch das Gewicht des Präsidentenamtes. Mitterrand gilt als Vertreter einer europäisch-eigenständigen Position in der Verteidigungspolitik.[5]

Dagegen vertritt die UDF eine atlantisch-europäische Auffassung, sie steht denn auch stets im Verdacht, in die NATO zurückkehren zu wollen. Grundlage ihrer verteidigungspolitischen Vorstellungen sind die Ausführungen von Giscard d'Estaing und Méry 1976. Giscard fügte die Formel hinzu, Frankreich verteidige seine Existenz am Rhein, seine Unabhängigkeit an der Elbe.[6]

In der RPR gibt es zwei Fraktionen. Zum einen die Altgaullisten, um Messmer, Debrée und Couve de Murville, die an der altgaullistischen Linie festhalten und teilweise ein autonomes Europa unter französischer Führung, was die Verteidigung anbetrifft, akzeptieren würden.[7]

Daneben besteht die Chirac-Fraktion, die eindeutig eine verteidigungspolitische Einigung Europas unterstützt. Chirac hat sich auch in jüngerer Zeit in dieser Richtung geäußert. Am 17. Oktober 1983 forderte er vor der Konrad-Adenauer-Stiftung, die Bundesrepublik müsse auf der Ebene der Verantwortung an einer europäischen Atomstreitmacht beteiligt werden.[8] Später revidierte er seine Aussagen teilweise, in einem Vortrag am IFRI, gehalten im Mai 1984, sprach er von der Notwendigkeit, die WEU wiederzubeleben und die Zusammenarbeit zu stärken. Die Frage der Ausdehnung der atomaren Garantie auf die Bundesrepublik bezeichnete er als falsch, denn 1. habe nie jemand darum gebeten und 2. seien auch andere Atommächte, wie die USA, nie genaue Verpflichtungen eingegangen, unter welchen Umständen sie ihre Atomwaffen einsetzen würden.[9] Chirac spricht auch von einem möglichen europäischen ABM-System.[10]

Im folgenden werden nicht die Äußerungen von Parteiführern und einzelnen Mitgliedern untersucht, wie prominent sie auch sein mögen. Vielmehr dienen Parteidokumente und autorisierte Aussagen der für Verteidigungspolitik zuständigen Politiker als Grundlage.

6.1.1. Das Rassemblement Pour la République (RPR)

Im IFRI-Band zur Sicherheit Europas in den 80ern sind Stellungnahmen der vier großen Parteien zu diesem Thema enthalten. Für die RPR schrieb Michel Aurillac, Delegierter für Verteidigungsfragen. Die Sowjetunion, so Aurillac, habe bessere Waffen und eine bessere Strategie als die NATO, deren Flexible Response Strategie sei suizidär. Die Hoffnungen für die Verteidigung Europas ruhten auf dem Paar Frankreich und Bundesrepublik, weil Großbritannien mit Frankreich nicht atomar kooperieren wolle. Durch die Abkopplung von den USA sei die Bundesrepublik neutralistisch versucht, sie könne ein Abkommen mit der Sowjetunion erreichen wollen. Die französische Strategie müsse die deutsche Unsicherheit und die Aufrüstung der Sowjetunion in Betracht ziehen. Die Bundesrepublik bestehe auf dem US-Schutz, in einer Krise sei es im Interesse Frankreichs, der Bundesrepublik eine „garantie complémentaire" anzubieten, ohne automatischen Beistand mit den strategischen Atomwaffen und ohne eine zweiseitige Allianz einzugehen. Bis zum Jahr 2010 solle Frankreich 15 Atom-U-Boote haben, die mobile SX-Rakete müsse gebaut werden.[11]

1983 präsentierte die RPR eine Studie ‚Réflexions sur la défense', die von verschiedenen Kommissionen erstellt worden war, unter der Leitung Aurillacs. Hier heißt es zur französischen Strategie, Frankreich habe mit der atomaren Abschreckung beschlossen, „den Gegner, der Hand an seine vitalen Interressen legt und es insbesondere auf seinem Territorium angreift oder in irgendeiner Weise eindringt, wissen zu lassen, daß er sich auf einen umfassenden und strategischen Vergeltungsschlag, der seine vitalen Interessen tangiert, gefaßt machen muß".[12] Es wird eine erweiterte Anti-Städte-Strategie gefordert.[13]

Für den Fall des Scheiterns der Abschreckung habe Frankreich zwei Möglichkeiten:

1. Seine Verpflichtungen gegenüber der Allianz einhalten und in 2. Staffel zu intervenieren.
2. Frankreich ist nicht durch Verpflichtungen gebunden und sichert seine eigene Verteidigung. Dafür wurden die taktischen Atomwaffen beschafft.[14] Ob man Eingreifen wolle oder nicht wird hier offengelassen. Zwar könne man das mit dem Heer tun, aber: „Man kann sich fragen, ob es, beim gegenwärtigen Stand des europäischen Aufbaus", angemessen sei, „an einer Intervention in Europa teilzunehmen, selbst wenn die Beibehaltung des Status quo in diesen Regionen für unser Land entscheidend ist."[15]

Auf strategischer Ebene forderte die RPR 15 Atom-U-Boote bis 2010 und 100 strategische Bomber. Auch ein Satellitenprogramm wird als notwendig erachtet.[16] Ein französisches Cruise Missile wurde als nützlich erachtet.[17] Die Kosten für 100 Stück wurden auf 4 bis 5 Mrd. Franc veranschlagt.

Die Neutronenwaffe als taktische Atomwaffen wurde abgelehnt, der Laser als mögliche Waffe für den Weltraum angesehen.[18]

Das neueste Dokument der RPR zum Thema heißt ‚La défense de la France' und rechnet mit vier Jahren sozialistischer Verteidigungspolitik ab (Paris Juni 1985). Verfasser ist François Fillon.

In dem Anhang ‚Le renouveau' geht es auch um die Verteidigung Europas. Die Probleme der Verteidigung müßten in Zusammenhang mit den Verbündeten gelöst werden, heißt es. Im Rahmen des deutsch-französischen Vertrags könne man z.B. über die Einsatzdoktrin für die taktischen Atomwaffen reden. Die eu-

ropäische Solidarität müsse sich vor allem bei der gemeinsamen Produktion von Waffen manifestieren. Wegen der SDI-Pläne sei dieser Bereich um ein neues Forschungsfeld zu erweitern. „Es sei daran erinnert, daß es unsere offiziell bestätigte Doktrin ist, unsere strategische Atomwaffe zur Verteidigung unserer vitalen Interessen einzusetzen, und daß dies keinen Eventualfall ausschließt ..."[19] Zu mehr Klarheit läßt sich die RPR nicht hinreißen. Diesmal wird die Neutronenwaffe befürwortet.
Die Antiraketensysteme der Großmächte würden die französische Abschrekkung nicht abschaffen, sondern lediglich auf eine pure Anti-Städte-Strategie zurückführen. Um Raumstationen anzugreifen, die eine Bedrohung für die Force de Frappe darstellen, werden Studien für eine dem US-ASAT System ähnliche Antisatellitenwaffe gefordert.[20]

6.1.2. Die Union pour la Démocratie Française (UDF)

Die Standpunkte in der UDF zur Verteidigung sind nicht ganz einheitlich, es bestehen verschiedentlich Differenzen, so z.B. zwischen Giscard d'Estaing und Raymond Barre. Insgesamt überwiegt jedoch die Giscard-Linie.
Im Beitrag zum IFRI-Band von 1980, von Wehrexperte Jean-Marie Daillet verfaßt, wurden zwei Notwendigkeiten für Frankreich angegeben:
a) Die atomare Abschreckung gegen einen Angriff auf das nationale Territorium, auch die überseeischen Teile.
b) Die Präsenz auf auswärtigen Schauplätzen, um mit den Verbündeten die vitalen Interessen zu verteidigen: die Zugänge zum Hexagon, DOM-TOM und Versorgungslinien für Rohstoffe.
Eine Konkretion der Vorstellungen zur europäischen Sicherheitspolitik erfolgt nicht.[21]
Im März 1984 veröffentlichte die UDF ein Papier ‚Défendre l'Europe. Propositions de l'UDF', Verfasser waren Daillet und Arthur Paecht. „Das anzustrebende Ziel ist der ‚europäische Pfeiler' der atlantischen Allianz. Eine richtige ‚europäische Verteidigung' setzt eine politische Instanz voraus, deren Einrichtung weder sicher ist noch bevorsteht."[22] Frankreich müsse seine Solidarität klar äußern, besonders von der „übertrieben sanktuaristischen Doktrin der ‚letzten Warnung' zu einer Doktrin des Einsatzes der französischen taktischen Atomwaffen im Vorfeld" kommen. Die Alliierten müßten eine gewisse NATO-Orthodoxie überwinden, die blockierend wirke.
Konkret solle im Rahmen des Europäischen Rats der Staatschefs ein ‚Conseil Européen de Sécurité' (Europäischer Sicherheitsrat) geschaffen werden, der von einem ständigen Sekretariat und einem Komitee der Stabschef zu unterstützen sei.[23] Notwendig seien die Kooperation auf atomarem Gebiet zwischen Frank-

reich und Großbritannien und Konsultationen zwischen atomaren und nichtatomaren Partnern.[24]

Die CDU habe die UDF wissen lassen, wenn Frankreich sich weigere, die Probleme der Verteidigung von Grund auf zu bereden, gleite die Bundesrepublik unausweichlich in den Neutralismus. Dabei seien drei Punkte zu beachten.

- Die Bundesrepublik dürfe nie zur Wahl zwischen Frankreich und den USA gezwungen werden.
- Die Zweideutigkeit der französischen Verpflichtungen für den Fall eines Angriffs auf die Bundesrepublik müsse beseitigt werden.
- Die Deutschen würden sich im europäischen Prozeß engagieren, wenn klar wäre, daß französische und britische Atomwaffen ‚auf die eine oder andere Art' zur Verteidigung Europas beitrügen.[25] „Insbesondere die Bundesrepublik muß vollständig an den Entscheidungen beteiligt werden, die ihre Sicherheit betreffen. In einem ersten Abschnitt zumindest ist es vorstellbar, eine Struktur europäischer atomarer Konsultationen analog zu derjenigen zu schaffen, die gegenwärtig in der NATO zwischen Amerikanern, Briten und nicht atomar gerüsteten europäischen Verbündeten besteht – die NPG, Nuclear Planning Group."[26] Die europäische Verteidigung könne nur um das Dreieck Frankreich, Großbritannien und Bundesrepublik aufgebaut werden.[27]

Im ‚Livre blanc sur la défense' der UDF wird die Konzeption noch weiter ausgeführt (Mai 1985; das Original war leider nicht erhältlich, die hier angeführten Stellen sind einer Übersetzung entnommen, die von der ‚Fondation pour les Etudes de Défense Nationale' angefertigt wurde[28]). Der Begriff der Schlacht wird betont, die taktischen Atomwaffen werden als Schlachtfeldwaffen für die Vorneverteidigung bezeichnet. Dafür sei die Neutronenwaffe am geeignetsten. Es komme nicht in Frage, in die NATO-Integration zurückzukehren, aber warum solle Frankreich nicht einen Platz in der nuklearen Planungsgruppe der NATO einnehmen? Für das Vorneverteidigungskonzept sei das notwendig, dieses sei nur im Rahmen des Bündnisses denkbar. „An die Stelle des nationalverengten Sanktuariums muß der Begriff des ‚erweiterten Sanktuariums' treten, der nach dem Konzept einer Vorneverteidigung verfochten wird. ... Die Grenze unseres nationalen Sanktuariums liegt am Rhein. Aber die Grenze unserer Unabhängigkeit liegt an der Elbe. Dies ist der einzig realistische verteidigungspolitische Ansatz für Frankreich." Es stimme nicht, daß Frankreichs Verteidigung unabhängig sei, allein schon wegen der Verpflichtungen, nur die politischen Orientierungen und Entscheidungen seien unabhängig. Die europäische Verteidigung könne nur auf der Basis des Dreiecks Paris-Bonn-London in die Wege geleitet werden.

Die ablehnende Haltung der französischen Regierung zu SDI wird angegriffen, Frankreich solle sich an SDI beteiligen, außerdem solle ein europäisches Raketenabwehrsystem im Rahmen des Bündnisses aufgebaut werden.[29]

6.1.3. Die Parti Socialiste (PS)

Auf dem Parteitag im Januar 1978 hatte die PS, als letzte der vier großen Parteien, die Wendung zur Atomrüstung vollzogen.
In den Abschnitten des ‚Projet Socialiste' von 1980, die sich auf die Verteidigungspolitik bezogen,[30] wird die Autonomie der französischen Verteidigung betont. Frankreich bleibe in der Allianz, könne aber nicht automatisch in einen Konflikt hineingezogen werden. Europa sei in der Gefahr, Spielball der Supermächte zu werden. „Aber im übrigen stößt sich die Idee einer autonomen europäischen Verteidigung an der Nichtexistenz einer gemeinsamen politischen Instanz, die in der Lage wäre, die Abschreckung, ohne die heute jegliche Verteidigung illusorisch ist, auszuüben. Unter den gegenwärtigen Umständen meint die sozialistische Partei, daß die Einrichtung einer solchen Instanz nicht in Betracht kommt."[31] Zum Verhältnis zur Sowjetunion heißt es: „Überdies ist die Tradition der französisch-sowjetischen Freundschaft – und früher sogar der französisch-russischen Allianz – eine Konstante unserer Außenpolitik. Unsere beiden Völker halten gleichermaßen an der Bewahrung der aus dem zweiten Weltkrieg überkommenen Grenzen fest und an der Einhaltung der Verpflichtungen durch Deutschland, die ihm aus den Verträgen entstehen und die ihm den Zugang zu Atomwaffen untersagen."[32]
Im Manifest der sozialistischen Partei, das am 24. Januar 1981 in Créteil als Wahlplattform verabschiedet wurde, findet sich keine Äußerung zur verteidigungspolitischen Zusammenarbeit in Europa. In den „110 Propositions pour la France" heißt es, die Sicherheit Frankreichs solle durch die Entwicklung der atomaren Abschreckungsstrategie (Punkt 105) und die klare Definition der Reichweite und des Inhalts der atlantischen Allianz (Punkt 106) gesichert werden.[33]
In dem Papier ‚Paix, Sécurité et Désarmement'[34] geht es um die Haltung zu Salt III, den Genfer INF-Verhandlungen und die französischen Vorschläge zur Begrenzung der Weltraum- und Antisatellitensysteme. Die Beteiligung an SALT III und an den INF-Verhandlungen sowie das Einbeziehen der französischen Atomwaffen in diese wird abgelehnt, mit der altbekannten Begründung, Frankreich habe nur das zur Abschreckung nötige Minimum an Atomwaffen. Im ‚Projet Socialiste' war noch von der Beteiligung an den Genfer und an den MBFR-Verhandlungen in Wien die Rede gewesen,[35] was nun, in der Regierungsverantwortung, nicht mehr erwogen wird.
Im Juni 1985 billigte das Bureau Exécutif der PS das Papier ‚La sécurité de L'Europe' ihres außenpolitischen Sprechers Jacques Huntzinger. Der hiervon interessanteste Abschnitt ist übertitelt „L'évolution à terme de la force nucléaire vers un rôle dissuasif élargi."[36] Zu den Atomwaffen und der Strategie heißt es: „Wegen dieser Tatsache gibt es keine und kann es keine explizite Garantie des Einsatzes der französischen Atomwaffe zugunsten der Verbündeten geben, wie übrigens auch für die US- Atomwaffen, und sei es auch zugunsten noch so enger

Bündnispartner. Es gibt keinen Automatismus des atomaren Einsatzes im Falle einer Aggression. Es sei allerdings daran erinnert, daß das Weißbuch von 1972 sich auf das Konzept des vitalen Interesses bezieht und nicht auf den Begriff des nationalen Sanktuariums. Unsere Interessen können selbstverständlich über das nationale Territorium hinausreichen. Und in Wirklichkeit reichen sie ja darüber hinaus. ... Genauer gesagt hat Frankreich ein stets wachsendes Interesse daran ..., daß seine globale Abschreckung und seine Verteidigung mit Effizienz zugunsten Westeuropas eingesetzt werden, und zunächst zugunsten der Sicherheit des am weitesten vorne gelegenen Territoriums Europas, das aber ebenfalls an Frankreich angrenzt, das heißt das Territorium der BRD. Die französischen Atomstreitkräfte werden, neben und unabhängig vom amerikanischen Schutzschirm, eine gewichtigere Rolle für die Sicherheit Westeuropas spielen."[37]

Zum konventionellen Bereich wird gesagt, Frankreich solle seinen Anteil an der konventionellen Abschreckung leisten. Die Bedeutung der FAR wird betont, sie sei, wie deutsch-französische Gespräche über den Einsatz der taktischen Atomwaffen, eines der Elemente einer konkreten Solidarität. Eine Anhebung der atomaren Schwelle wird befürwortet, um den vorzeitigen Einsatz von Atomwaffen zu verhindern.[38]

Die Bedeutung der Rüstungskooperation wird unterstrichen. „... die BRD muß mitspielen in Fragen der Rüstungskooperation und nicht einfach, ohne Gegenleistung von ihrer Seite, eine französische Rückversicherung zu erreichen suchen, die der amerikanischen Versicherung hinzugefügt würde. Die BRD muß bereit sein, die französisch-deutschen Koproduktionen für die zukünftige konventionelle Bewaffnung voranzutreiben und nicht, wie dies gegenwärtig der Fall ist, gegenüber allen amerikanischen Pressionen in Handel und Technologie nachgeben."[39]

Als instutionelle Ebene für die europäische Verteidigung wird die WEU gepriesen, auch die EPZ solle in pragmatischer Weise einbezogen werden.[40]

Das SDI-Projekt lehnt die PS ab, es kopple die USA ab und mache einen auf Europa begrenzten Krieg wahrscheinlicher, erschwere Frankreichs atomare Abschreckung. Der ABM-Vertrag müsse erhalten werden.[41]

Der Vorschlag von Helmut Schmidt (siehe Kapitel 3.3.) wird als ernsthafte Möglichkeit deutsch- französischer Zusammenarbeit erwähnt, die es verdiene, vertieft und ergründet zu werden.[42]

Dieses Papier bedeutet für die PS eine Änderung ihrer Positionen zur europäischen Verteidigung und der Zusammenarbeit mit der Bundesrepublik, von denen in vorausgehenden Parteidokumenten nicht die Rede war. In der Tat ist die PS die einzige Partei, die ihre Positionen in jüngerer Zeit stark verändert hat.

6.1.4. Die Parti Communiste Français

Der Standpunkt der kommunistischen Partei Frankreichs zur europäischen Verteidigung ist unkompliziert, er läßt sich kurz und knapp darstellen. Seitdem die KPF 1977 mit dem Papier von Jean Kanapa[43] die atomare Abschreckung übernahm, wendet sie sich kategorisch gegen alles, was nach gemeinsamer europäischer Verteidigung, Zusammenarbeit mit der NATO oder gar Rückkehr in deren militärische Integration aussieht. Besonderes Mißtrauen erregt jegliche Maßnahme, die der Bundesrepublik Zugang zu oder Mitverantwortung für Atomwaffen geben könnte. Die KPF ist Erbin der tous azimuts-Doktrin Aillerets.

Das durchzieht den PC- Beitrag für das IFRI-Buch von 1980, verfaßt von Louis Baillot[44]. Die Erklärung von Ottawa 1974, die den französischen Atomwaffen erstmals Anerkennung durch die NATO zuteil werden ließ, wird so interpretiert, daß Frankreich damit Teil der NATO sei. „Die kommunistische Partei bekräftigt, daß sie für eine authentisch nationale Verteidigung eintritt, die auf der Bewahrung der Einsatzfähigkeit der französischen Waffen und der Strategie der Abschreckung in alle Himmelsrichtungen beruht."[45]

1985 sah Baillot die FAR als französischen Beitrag zur Umsetzung des Rogers-Plans.[46] Das PS-Papier ‚La défense d'Europe' bedeutet für die KP in der Essenz, daß man „für Deutschland Krieg führen" wolle.[47] Eine Änderung der Standpunkte der KPF in diesem Bereich ist äußerst unwahrscheinlich.

6.2. Die sicherheitspolitische Diskussion

Der Konsens in Außen- und Verteidigungspolitik zwischen Regierung, Parteien und der Öffentlichkeit wird in Frankreich oft beschworen und hierzulande als gegeben angesehen. Außenminister Dumas appellierte erst im Juli 1985 wieder an diesen Konsens, sein Artikel in Le Monde trug den Titel ‚La logique du consensus'.[48] Die Positionen der Parteien zeigen bei genauerem Hinsehen, daß dieser Konsens in der Verteidigungspolitik sich allein auf die atomare Bewaffnung erstreckt. Über deren Ausgestaltung, Annäherung an die NATO oder nationale Unabhängigkeit, europäische Verteidigung und damit zusammenhängende Fragen existieren offensichtlich recht unterschiedliche Auffassungen, von Konsens kann nicht die Rede sein.

Die Politiker gehen davon aus, daß die Bevölkerung die atomare Abschreckung und deren eventuelle Konsequenzen mitträgt.[49] Von einigen Analytikern wird diese Unterstützung der französischen Bevölkerung für die atomare Abschreckung angezweifelt, Umfragen scheinen ihnen recht zu geben.

In der sicherheitspolitischen Diskussion der politischen Klasse ist der Konsens ebenfalls auf die atomare Abschreckung beschränkt. Selbst die als Häretiker gebrandmarkten General Copel und Michel Pinton, Ex-Generalsekretär der UDF, lehnen die Atomwaffen nicht ab. Bisweilen wird die französische Strategie als neue Maginot-Linie bezeichnet, Ausdruck von Neutralismus und Kapitulationsgeist, wie z.B. von Pinton (La force nucléaire française: Une nouvelle Ligne Maginot[50]) oder von Lellouche. Damit soll lediglich in Richtung auf eine Flexibilisierung der Strategie und der Bewaffnung argumentiert werden, eine Ablehnung der atomaren Strategie ist damit nicht gemeint. Die verteidigungspolitische Diskussion in Frankreich wird von einer relativ kleinen Personengruppe beherrscht. Dazu gehören einige (Ex-)Offiziere, Experten, wie z.B. François de Rose, André Fontaine, Michel Tatu, Paul-Marie de la Gorce, und die Verteidigungspolitiker der Parteien. Sie bestimmen die Themen der Debatte. Die Strategiediskussion findet hauptsächlich in Zeitschriften wie ‚Stratégique' (Fondation pour les Etudes de Défense Nationale), ‚Défense Nationale', ‚Politique Etrangère' (IFRI), in Le Monde und Le Figaro statt. Gegenstände der Debatte waren in den letzten Jahren die Zusammenarbeit mit der Bundesrepublik auf atomarem Gebiet, europäische Verteidigung oder europäischer Pfeiler in der Allianz, Teilnahme an der Vorneverteidigung der NATO oder nicht, Neutronenwaffe und SDI.

Was die militärische Zusammenarbeit mit der Bundesrepublik anbelangt, unternahm Pierre Lellouche mit seinem Buch ‚L'avenir de la guerre' (Paris 1985) den weitestgehenden Vorstoß. Lellouche ist ‚adjoint du directeur' am IFRI, war dort für die Forschung zur europäischen Sicherheit verantwortlich und weilte in den 70ern zu Studienzwecken in den USA. Er betont, sein Buch gebe nur die persönliche Meinung des Autors wieder. Doch sein Vorgesetzter Thierry de Montbrial, Leiter des IFRI, hat in einer Kommission zum loi-programme 1984 - 88 ähnliche Vorstellungen geäußert. Unter anderem forderte er, Frankreich solle an der innerdeutschen Grenze Truppen stationieren (‚occuper un creneau', eine Schießscharte einnehmen, wie das in der Diskussion genannt wird), ohne automatische Einbeziehung der Atomwaffen.[51] Die Lelloucheschen Vorschläge können als Meinung der Spitze des IFRI gelten.

Lellouche hält explizit an der atomaren Abschreckung fest, die konventionelle sei immer gescheitert.[52] Er stellt sich gegen ‚no-first-use' und Hebung der Atomschwelle, will Atomwaffen sehr früh in einem Konflikt einsetzen. Lellouche will konkrete Maßnahmen, keine Diskussion um Rückkehr in die NATO, europäische Verteidigung und WEU.

Im einzelnen sollen

- fünf französische Divisionen an die Elbe vorverlegt werden.
- sieben Divisionen beiderseits des Rheins als 2. Staffel bereitgestellt werden (das macht zusammen die 12 Divisionen, von denen Helmut Schmidt redete, Kap. 3.3.).
- Diese Einheiten sollen ihre eigenen taktischen Atomwaffen erhalten (Pluton, später Hades und ASMP).

Auf bilateraler, später trilateraler Ebene, müsse zwischen Frankreich und der Bundesrepublik eine Doktrin für die konventionellen Waffen und die taktischen Atomwaffen geschaffen werden, Großbritannien könne später dazustoßen. Es bedürfe zudem einer nuklearen Planungsgruppe der Bundesrepublik und Frankreichs. Die Entscheidungsgewalt über den Einsatz der taktischen Atomwaffen bleibe beim französischen Präsidenten, die Bundesrepublik werde konsultiert. Frankreich sichere sich die exklusive Kontrolle über die strategischen Atomwaffen.

In Hinsicht auf SDI sollen Studien zu nichtballistischen Raketen und überschallschnellen Cruise Missiles sowie für Antiraketensysteme zum Schutz der Einrichtungen für Atomwaffen und ein europäisches Satellitenprogramm aufgenommen werden.

Die Stationierung französischer Divisionen an der Elbe mache eine Rückkehr in die NATO nicht notwendig, es müßten lediglich operationelle Pläne abgesprochen werden.[53] Auch Lellouche beruft sich auf Helmut Schmidt und meint, die Bundesrepublik könne einen Teil der Kosten für die konventionelle Ausrüstung Frankreichs übernehmen.[54]

Der Vorschlag Lellouches ist so gehalten, daß damit sowohl eine Rückkehr in die NATO-Integration, die Stärkung des europäischen Pfeilers, als auch der Aufbau einer eher eigenständigen europäischen Verteidigung verbunden werden kann. Jede politische Festlegung in der einen oder anderen Richtung wird strikt vermieden, was der Absicht entspringt, den Vorschlag auf breiter Ebene diskussionsfähig zu machen. Das gelang auch.[55] Heisbourg/Adrets, der keine Möglichkeit für eine enge nukleare Kooperation zwischen Frankreich und der Bundesrepublik sieht, findet den Gedanken der Vornestationierung erwähnenswert. François de Rose stimmt der Analyse und dem Gedankengang Lellouches zu, bemängelt allerdings den frühen Einsatz von Atomwaffen, den Lellouche vorsieht.

6.2.1. Der Konsens und die Bevölkerung

Wie erwähnt, geht man in Frankreich von der Zustimmung der Bevölkerung zur Verteidigungspolitik aus. Das wird vielfach angezweifelt, und Umfragen geben den Zweiflern offensichtlich recht.

Eine Umfrage des Instituts ‚Louis Harris - France' im August 1982 ergab, daß nur 10% der Franzosen dafür waren, Atomwaffen einzusetzen, falls sowjetische Truppen französischen Boden betreten sollten. 39% wollten sich konventionell verteidigen, 42% mit der Sowjetunion verhandeln, ohne zu kämpfen.[56] 1984 wurde eine Umfrage veröffentlicht, wonach zwar 64% der Franzosen die Atomrüstung des Landes ‚sehr' oder ‚überwiegend' befürworteten. Aber auf die Frage, ob sie prinzipiell gegen den Einsatz der Atomwaffen durch den Präsidenten seien, antworteten 72% mit ja, nur 9% waren nicht dagegen, weitere 9% konnten sich nicht entscheiden.[57]

Zu ihrem Informationsstand betreffs Verteidigungsfragen meinten die Franzo-

sen 1982 zu 79%, recht bis sehr schlecht informiert zu sein, nur 20% hielten sich für gut bis sehr gut informiert.[56] 1984 meinten 84%, ‚schlecht', ‚sehr schlecht' oder ‚gar nicht' Bescheid zu wissen (letztere hatten einen Anteil von 35%).[58]
Die französische Bevölkerung befürwortet in steigendem Maße das Eintreten Frankreichs für die Sicherheit der Bundesrepublik. 1982 antworteten auf die Frage, was Frankreich im Fall eines Angriffs auf die Bundesrepublik tun solle, 3% mit ‚Atomwaffen einsetzen', 27% mit ‚konventionell unterstützen' und 45% mit ‚fernbleiben und mit der Sowjetunion verhandeln'.[56]
1985 waren 57% der Befragten dafür oder sehr dafür, der Bundesrepublik bei der Verteidigung zu Hilfe zu kommen, 19% mehr oder weniger dagegen. 40% wollten die atomare Garantie Frankreichs auf die Bundesrepublik ausdehnen, 24% waren mehr oder weniger dagegen, 36% konnten sich nicht entscheiden. Die deutsche Wiedervereinigung bezeichneten 59% der Befragten als legitim, gegen 20% ablehnende Stimmen, 39% sehen in ihr allerdings eine politische Gefahr für Europa.[59]
Auch die bundesdeutsche Friedensbewegung wird in der französischen Bevölkerung anders eingeschätzt als von den Politikern. Anfang 1984 veröffentlichte der Nouvel Observateur eine Umfrage, der zufolge 52% der Franzosen fanden, die Friedensbewegung drücke den deutschen Willen nach Frieden aus, 22% meinten, sie sei Ausdruck des Bestrebens, der Sowjetunion nicht zu mißfallen.[60] 1985 fanden gar 56%, die Friedensbewegung zeige den deutschen Friedenswillen, 21% sahen das nicht so, und 23% hatten keine Meinung.[59]
Laut der Nouvel Observateur-Umfrage hielten 53% der Franzosen die Bundesrepublik für ein ‚sehr' (7%) oder ‚eher' (46%) sympathisches Land, 15% fanden sie ‚eher', 7% ‚sehr' unsympathisch.[60]
Man sieht, die Unterstützung der französischen Bevölkerung für die atomare Bewaffnung geht nicht bis zur letzten Konsequenz, die große Mehrheit lehnt den Einsatz der Atomwaffen ab. Die Meinung zur Bundesrepublik hat sich geändert, immer mehr wollen deren Sicherheit verteidigen oder atomar garantieren. Die Ängste wegen Friedensbewegung und Wiedervereinigung sind weit geringer als bei den Politikern.

6.2.2. Die atomare Kooperation zwischen Frankreich und der Bundesrepublik

In diesem Bereich ist der Vorstoß von General Buis und Admiral Sanguinetti von 1979 konkurrenzlos am weitestgehenden (siehe Kapitel 4.2.4.). Sie wollten die Atomwaffen Frankreichs mit der Bundesrepublik teilen, um beim qualitativen Wettrüsten im atomaren Bereich mithalten zu können. Die Bundesre-

publik sollte die NATO verlassen, deutsche Wirtschafts- und französische Atomkraft verbunden werden. Das hätte bei Verwirklichung eine eigenständige westeuropäische Atommacht bedeutet. Eine europäische Verteidigung und politische Einigung wäre möglich, jedoch nicht zwingend notwendig gewesen, ihre Entstehung hätte von den anderen Staaten Europas abgehangen.
Der Buis/Sanguinetti Vorschlag war nicht realistisch, in Frankreich wünscht niemand mit politischer Verantwortung den Zugang der Bundesrepublik zu Atomwaffen. Unterhalb der Ebene des direkten Zugangs gibt es noch andere Möglichkeiten der Beteiligung, so z.B. an der Verantwortung, mittels Vetorecht beim Einsatz, und an der Zielplanung für die französischen Atomwafffen.
Michel Tatu ist ein Befürworter der Beteiligung auf der Ebene der Verantwortung (siehe Kapitel 4.2.4.). Er wollte mit einigen hundert, von Frankreich und der Bundesrepublik zu bauenden, Mittelstreckenraketen die NATO-Nachrüstung überflüssig machen. Die Bundesrepublik sollte qua Zweischlüsselsystem ein Vetorecht beim Abschuß, aber kein eigenes Schußrecht haben. Tatus Ziel ist eine europäische Vereinigung.
Der RPR-Vorsitzende Chirac wollte die Bundesrepublik auf der Ebene der Verantwortung an einer Atomgemeinschaft Frankreich - Großbritannien beteiligen. Genauere Ausführungen dazu machte er allerdings nicht, angesichts der Kritik wich er teilweise zurück[61] (siehe Kapitel 6.1.). Etwas präziser gefaßt sind die Ideen in einem Aufsatz von Aurillac, der als Vertrauter von Chirac gilt.[62] Eine atomare Garantie Frankreichs für Europa sei eine notwendige und willkommene Ergänzung, besonders für die Bundesrepublik. Dafür solle eine feierliche Erklärung abgegeben werden, daß die Sicherheit der Verbündeten ‚intérêt vital' für Frankreich, von der eigenen Sicherheit untrennbar sei.[63] Frankreich solle taktische Atomwaffen in der Bundesrepublik stationieren, die 1. Armee als zweite Staffel bei deren Verteidigung dienen, an der Vorneverteidigung solle Frankreich nicht teilnehmen. Es müsse eine Arbeitsteilung geben, in der Frankreich für die atomare, die Bundesrepublik für die konventionelle Komponente zuständig sei.[64]
In einem Aufsatz ‚L'armement nucléaire français, sa place dans un dispositif franco-allemand' untersucht Françoise Sirjacques-Manfrass[65] die französische Strategie für die taktischen Atomwaffen, vergleicht sie mit dem, was im ‚Weißbuch 1983' der Bundesregierung zur Rolle der taktischen Atomwaffen steht. Hier stellt sie Übereinstimmung in der Ablehnung der Benutzung von taktischen Atomwaffen als ‚Superartillerie' fest. Aber es gebe auch Unterschiede, Frankreich nehme seine taktischen Atomwaffen als letzte Warnung, die NATO wolle die Entscheidung auf dem Schlachtfeld.
USA und Bundesrepublik sähen die Rolle der taktischen Atomwaffen unterschiedlich, für erstere sei sie mehr Gefechtsfeldwaffe, für letztere Abschreckungswaffe.
Eine Annäherung der Doktrinen für taktische Atomwaffen sei möglich, wenn sich in der NATO die ‚no early first use'-Formel von Rogers und seinem FOFA-Plan durchsetzte.

Adrets/Heisbourg hat die Möglichkeit beschrieben, französische atomare Raketen für den Schlag in die Tiefe des gegnerischen Raumes zu benutzen, den auch Rogers will. ASMP und Hades seien ein Schritt dahin.[66]
Die Einführung von ‚no-first-use' würde Frankreich dagegen vor Probleme stellen, genau wie der integrierte atomar-konventionelle (und chemische) Kampf, den die AirLand Battle-Doktrin vorsieht.[67]
Heisbourg/Adrets sieht keine Möglichkeit einer engen atomaren Zusammenarbeit zwischen Frankreich und der Bundesrepublik, unter anderem wegen deutschem Desinteresse.
Frankreich und die Bundesrepublik sollten deshalb versuchen, eine beidseitig befriedigende Definition ihrer Beziehungen in diesem Bereich zu finden. Kurzfristig sollten beide Staatschefs durch die Einrichtung modernster Kommunikationslinien verbunden werden, um sich im Krisenfall absprechen zu können. Die Bundesrepublik müsse sagen, in welchem Stadium eines Konflikts sie die Drohung mit Atomwaffen für angemessen halte. Gleichfalls solle die Bundesrepublik sagen, welche französischen Waffensysteme sie auf ihrem Boden stationiert sehen wolle.[68]

6.2.3. Europäische Verteidigung versus Europäischer Pfeiler

Die Differenz der beiden Begriffe ist nicht auf den ersten Blick ersichtlich, sie liegt weniger in den aktuellen Zielsetzungen und Maßnahmen der Vertreter der beiden Richtungen. Der Unterschied liegt vielmehr in der politischen Zielrichtung.
Hinter dem Begriff ‚Europäische Verteidigung' steht die alte gaullistische Idee des ‚dépasser Yalta', der Beendigung der Teilung Europas und der Vorherrschaft der Supermächte. Der dritte Teil des PS-Dokuments ‚La sécurité de l'Europe' trägt den Titel „La sécurité future du continent européen: le dépassement de Yalta".[69]
Man will langfristig über die Abhängigkeit von den USA hinauskommen. Es ist aber klar, daß Frankreich gegenwärtig nicht in der Lage ist, die Atomwaffen der USA zu ersetzen und eine atomare Schutzgarantie für Westeuropa abzugeben. Deshalb wird die Bedeutung der Allianz betont.
Chirac z.B. will die Allianz stärken.[70] Er tritt gleichzeitig für die Aufwertung der WEU und eine europäische Verteidigung ein.[71] Desgleichen hat Chirac den Aufbau einer atomaren Gemeinschaft zwischen Frankreich und Großbritannien gefordert. Sein Vertrauter Aurillac will französische taktische Atomwaffen in der Bundesrepublik stationieren und eine ergänzende atomare Garantie für Westeuropa abgeben.
Im UDF-Papier von 1984 wird ebenfalls der Aufbau einer atomaren Gruppe um Frankreich und Großbritannien, mit Beteiligung der Bundesrepublik, propa-

giert. Es wird eine europäische nukleare Planungsgruppe analog derjenigen der NATO vorgeschlagen. Die praktischen Vorstellungen liegen nicht weit von denen Chiracs. Aber das erklärte Ziel der UDF ist die Bildung eines Europäischen Pfeilers in der NATO, die in Frankreich stets Allianz genannt wird. Im Weißbuch zur Verteidigung 1985 spricht die UDF vom Eintritt in die nukleare Planungsgruppe der NATO. Der Europäische Pfeiler zielt auf die stärkere Integration Frankreichs in die NATO. Die Überwindung von Jalta kann kein erklärtes Ziel einer solchen Politik sein.

Die Debatte um Europäische Verteidigung und Europäischen Pfeiler wird in Frankreich seit 1980 relativ intensiv geführt, Abkopplung der USA und befürchteter Neutralismus der Bundesrepublik boten genügend Anlaß, über eigene Maßnahmen zur Sicherung der Einbindung der Bundesrepublik nachzudenken.

1980 erschienen in der Reihe ‚Les sept épées' der Fondation pour les Etudes de Défense Nationale zwei Bände zu dem Thema.

Das erste Buch ist von Jean-Paul Pigasse und trägt den Titel „Le deuxième pilier". Der Titel ist irreführend, denn Pigasse argumentiert für eine Großmacht Westeuropa. Wirtschaftlich, finanziell, industriell und technisch habe Europa die Kapazitäten für eine Großmacht. Zerstückelt sei es Vasall, vereint erreiche es die kritische Größe, die für den Eintritt in den exklusiven Klub der ‚Großen' nötig sei. Europa könne sich nur auf die atomare Abschreckung verlassen, wegen seiner Geographie sei eine konventionelle Abwehr oder der Einsatz von taktischen Atomwaffen nicht möglich.[72] Eine europäische Strategie müsse der Frankreichs ähnlich sein, hätte aber ganz andere Dimensionen.[73]

Der zweite Band, von André Brigot und Dominique David, „Le désir d'Europe: L'introuvable défense commune", argumentiert heftig gegen Pigasse. Eine europäische Verteidigung müsse an den Problemen des Vierecks USA-Großbritannien-Frankreich-Bundesrepublik scheitern. Die unterschiedlichen Interessenlagen der westeuropäischen Staaten werden ausführlich analysiert. Europa, so das Ergebnis, sei historisch und kulturell zu verschieden, als daß man daraus eine klare Aufgabe zur gemeinsamen Verteidigung definieren könne. Europa zahle mit seiner jetzigen Zerrissenheit den Preis für seinen früheren Entwicklungsvorsprung.

Eine Großmacht Europa sei nicht wünschenswert, sie würde sich genauso imperialistisch und gewalttätig wie die beiden jetzigen Großmächte verhalten. In seinem jetzigen Zustand habe Europa gute Chancen, gewaltfreie und partnerschaftliche Beziehungen mit dem Süden (3. Welt) aufzunehmen und Beispiel für eine bessere Zukunft zu sein.[74]

An dieser Stelle soll nicht die Debatte in ihrer ganzen Breite dargestellt, sondern die Argumentation der beiden Richtungen exemplarisch aufgezeigt werden.

In der ersten Ausgabe des Jahres 1981 von Politique Etrangère erschien ein Aufsatz „Propositions pour une stratégie française de 1981 à 1990". Als Autor firmierte ein Pierre Eylau-Wagram, hinter diesem Pseudonym verbirgt sich eine

Gruppe von Militärs, Beamten, Professoren und Journalisten.[75] Der Aufsatz ergreift Partei für eine europäische Verteidigung, streng abgegrenzt vom ‚atlantischen' Europäischen Pfeiler. Die Achse Bundesrepublik - Frankreich sei dabei wesentlich, ohne diese Lösung könne die Bundesrepublik Lösungen im Osten suchen. Frankreich könne der Bundesrepublik keine atomare Schutzgarantie bieten, das täten auch die USA nicht, sondern nur eine komplementäre Garantie geben, die bei Ausfall des primären Beschützers in Kraft trete. Der Beitrag Frankreichs zur lokalen Abschreckung in der Bundesrepublik müsse zumindest beibehalten werden. Die französische Armee müsse 100 000 Mann abbauen, um mit dem gesparten Geld die Ausrüstung zu verbessern.
Die Position der PS, wie sie in ‚La sécurité de l'Europe' definiert sind, laufen in Richtung europäische Verteidigung, ähnlich wie die bereits angeführten Aurillac-Darlegungen. Die PS lehnt Rogers-Plan und Konventionalisierung ab, will die Atomwaffen früh, aber nicht übereilt einsetzen und betont die atomare Abschreckung.
Die konventionelle Verteidigung soll zwar gestärkt werden, der Vorrang bleibt jedoch bei der atomaren Bewaffnung.[76] Eine engere Integration in die NATO wird abgelehnt, Fernziel bleibt die Überwindung des Blocksystems, der Vorherrschaft der Supermächte.
Wichtigster Vertreter der Richtung Europäischer Pfeiler in der Debatte ist François de Rose, seine Veröffentlichungen sind sehr zahlreich.
Auf atomarem Gebiet forderte er eine deutsch-französische nukleare Planungsgruppe.[77] Er ist für den Ersteinsatz von Atomwaffen, seine strategische Konzeption geht mehr in Richtung Flexible Response, das heißt, der Antwort auf der jeweiligen Eskalationsebene und der Reservierung des strategischen Atomschlags für den äußersten Fall, anstatt ihn relativ früh anzudrohen. De Rose befürwortet die Neutronenwaffe als ideale Gefechtsfeldwaffe.
Auf konventionellem Gebiet fordert er, Frankreichs Truppen müßten ohne Begrenzung von Umfang und Zeit an der NATO-Verteidigung teilnehmen. An der Vorneverteidigung will er sich nicht beteiligen. De Rose will die Waffen beschaffen, die auch der Rogers-Plan vorsieht, die konventionelle Bewaffnung der französischen Truppen müsse auf NATO-Niveau gebracht werden, damit sie als Reserve eingreifen könnten. Eine enge Abstimmung mit den USA und den Europäern sei notwendig. Die Abmachungen für den Verteidigungsfall zwischen der NATO und Frankreich, in Gestalt des Ailleret-Lemnitzer Abkommens von 1967, sähen eine weitergehende Zusammenarbeit im Kriegsfall vor, als die öffentlichen Erklärungen angäben (de Rose war französischer Repräsentant im NATO-Rat und sollte wissen, wovon er redet). Frankreich müsse im Kriegsfall sein Gebiet und seine Häfen als logistische Basis für den Nachschub aus den USA zur Verfügung stellen.[78]
Die Vertreter des Europäischen Pfeilers reden einer stärkeren Integration in die NATO das Wort, die Strategie, so der UDF, geht in Richtung der Flexible Response der NATO, wenn sie auch nicht so genannt wird.
In dem hier aufgezeigten Rahmen, zwischen nuklearer Teilgarantie, Stationie-

rung von französischen Truppen an der Elbe, taktischen Atomwaffen auf dem Boden der Bundesrepublik, atomarer Mitbestimmung oder Vetorecht, Nicht-Automatismus des französischen Beistands, wird sich die Verteidigungspolitik Frankreichs, was die Einbeziehung der Bundesrepublik angeht, auch in Zukunft bewegen. Die Bereitschaft zu weitgehenden Schritten, à la Lellouche, scheint gewachsen, allein, die Realisierung hängt von dem ab, was die Bundesrepublik von Frankreich erwartet und mit ihm zusammen tun will. Die Motivation der französischen Diskussion ist eindeutig und wird oft expressis verbis angegeben. Die Einbindung der Bundesrepublik soll verstärkt werden, das wurde notwendig durch die zunehmende Fragwürdigkeit des US-Schutzes für das Glacis Bundesrepublik und die Angst, jene könne Lösungen im Osten suchen.

Anmerkungen

1 siehe dazu: Fontaine, André: Tout le monde peut se tromper, in: Le Monde, 12.2.1985
2 Le Monde, 9.8., 4.9., 17.9., 20./21.10. und 23.11.1985;
3 Sirjacques, 1979, a.a.O., S. 59 - 85;
4 ebenda, S. 78;
5 Moisi, in: Lellouche, 1983, a.a.O., S. 265;
6 Le Monde, 18.12.1983;
7 Sirjacques, 1979, a.a.O., S. 64 f;
8 Benecke/Krafft, a.a.O., S. 111;
9 Chirac, Jacques: Le rôle de la France dans les relations Est-Ouest, in: Politique Etrangère 3/1984, S. 683;
10 Colard, a.a.O., S. 132;
11 Aurillac, Michel (RPR): L'épée demeure l'axe du monde, in: Lellouche, 1980, a.a.O., S. 357 - 367;
12 Aurillac, Michel (RPR): Réflexions sur la défense, Paris 1983, S. 17;
13 ebenda, S. 36 f;
14 ebenda, S. 48;
15 ebenda, S. 49 f;
16 ebenda, S. 42 f, 99 ff;
17 ebenda, S. 89 ff;
18 ebenda, S. 43, 105 ff;
19 Fillon, François (RPR): La défense de la France, juin 1985, S. 90;
20 ebenda, S. 85 ff;
21 Daillet, Jean-Marie (UDF): Stratégie militaire et stratégie politique, in: Lellouche, 1980, a.a.O., S. 351 - 355;
22 Daillet, Jean-Marie/Paecht, Arthur (UDF): Défendre l'Europe, mars 1984, S. 5;
23 ebenda, S. 6;
24 ebenda, S. 27;
25 ebenda, S. 22;
26 ebenda, S. 34;
27 ebenda, S. 39;
28 in: Sicherheitspolitik, Oktober 1985, Beiträge aus Frankreich, S. 5 - 7, 15 f;
29 Schütze, 1985, apuzg, a.a.O., S. 39;
30 Projet Socialiste, Paris 1980, S. 340 - 360;
31 ebenda, S. 349;

32 ebenda, S. 356;
33 in: Mitterrand, 1981, a.a.O., 324;
34 Bureau, Jean-François/Soppelsa, Jacques (PS): Paix, sécurité et désarmement, mai 1982;
35 Projet socialiste, a.a.O., S. 346 f;
36 Huntzinger, Jacques (PS): La sécurité de l'Europe, S. 7 ff;
37 ebenda, S. 9 f;
38 ebenda, S. 11 f;
39 ebenda, S. 12;
40 ebenda, S. 16;
41 ebenda, S. 3 f, 16 f;
42 ebenda, S. 6
43 Schütze, 1983, Dokumentation, a.a.O., S. 75;
44 Baillot, Louis (PC): La sécurité en Europe: tout dépend des peuples, in: Lellouche, 1980, a.a.O., S. 369 - 378;
45 ebenda, S. 377;
46 Baillot, Louis (PC): Des évolutions qui font problème, nach: Sicherheitspolitik, Oktober 1985, a.a.O., S. 9 ff;
47 Figaro, 3.7.1985;
48 Le Monde, 25.7.1985;
49 Défense Nationale 4/1983, S. 168;
50 Le Monde, 16.6.1983;
51 Défense Nationale 4/1983, S. 170;
52 Lellouche, 1985, a.a.O., S. 255;
53 ebenda, S. 282 ff;
54 ebenda, S. 286;
55 Le Monde, 22.5. und 5.6.1985;
56 Schütze, 1983, Dokumentation, S. 176 ff;
57 Lellouche, 1985, a.a.O., S. 22 f;
58 Lellouche, 1985, a.a.O., S. 19;
59 Le Monde, 28.6.1985;
60 Le Nouvel Observateur, 10.2.1984;
61 Le Monde, 28.10.1983;
62 Aurillac, Michel: Une garantie nucléaire française pour l'Europe, est-elle possible? in: Politique Etrangère 2/1983, S. 371 - 380;
63 ebenda, S. 374 ff;
64 ebenda, S. 377;
65 Sirjacques/Manfrass, Françoise: L'armement nucléaire français, sa place dans un dispositif franco-allemand, ohne Ort, November 1984;
66 Adrets, a.a.O., S. 656 ff;
67 Sirjacques, 1984, a.a.O., S. 5 ff;
68 Adrets, a.a.O., S. 656 ff;
69 Huntzinger, a.a.O., S. 31 ff;
70 Le Monde, 28.10.1984;
71 Chirac, in: Politique Etrangère, a.a.O., S. 681 ff;
72 Pigasse, Jean-Paul: Le deuxième pilier, Paris 1980, S. 44 ff
73 ebenda, S. 143;
74 Brigot, André/David, Dominique: Le désir d'Europe: L'introuvable défense commune, Paris 1980, S. 137 ff;
75 Eylau-Wagram, Pierre: Propositions pour une stratégie française de 1981 à 1990, in: Politique Etrangère 1/1981, S. 121 - 135;
76 Huntzinger, a.a.O., S. 11 f;
77 Le Monde, 30.5.1984;
78 Le Monde, 22./23.11.1981, 14.4.1982, 5.6.1985; Défense Nationale 4/1983, S. 168 f; de Rose, François: La défense de la France et de l'Europe, in: Défense Nationale 12/1982, S. 71 - 79;

Schlußbetrachtung

Die französische Sicherheitspolitik gegenüber der Bundesrepublik wurde in der ersten Hälfte der 80er Jahre, nach dem Wechsel im Präsidentenamt, stark intensiviert. Gründe dafür waren das Ende der Entspannung, die Verschärfung der Ost-West-Konfrontation, die strategische und politische Krise der NATO und das aus dem strategischen Patt der Großmächte resultierende Gefühl in Westeuropa, von der atomaren US-Garantie abgekoppelt zu sein.
Die NATO-Nachrüstung sollte die Wiederankopplung bewirken, doch hatte sich in vielen Ländern der Eindruck verbreitet, daß mehr Raketen nicht gleichbedeutend mit mehr Sicherheit seien. Die soziale Akzeptanz der atomaren Abschreckung ging stark zurück.
Das traf auch auf die Bundesrepublik zu, die entstehende Friedensbewegung und Diskussionen über neue Strategien riefen in Frankreich starke Besorgnis hervor. Die Sicherheit der Bundesrepublik ist Bedingung für die französische, relativ unabhängige, Verteidigungspolitik, deren Zentralteil die eigene Atomstreitmacht ist.
In Frankreich verstand man weder die Atomangst der Friedensbewegung, noch ökologische Bewegungen. Das Fortbestehen der deutschen Ostpolitik, das relativ gute Verhältnis zwischen Bundesrepublik und DDR, auch nach dem Ende der Entspannung, kam noch hinzu. In Frankreich brachen alte Ängste vor einer Wiedervereinigung Deutschlands nach Verständigung mit der Sowjetunion hervor. Diese Ängste sind nicht rein rational erklärbar, sie haben ihre Wurzeln in alten Traumata der deutsch-französischen Geschichte, für die Rapallo und München stehen, und in alten Klischees, wie denen des protestantischen Antirationalismus und der Intoleranz, etc.
Nichtsdestoweniger sah sich Frankreich durch die Furcht vor einem Abgleiten der Bundesrepublik in Neutralismus, Pazifismus und linken Nationalismus, durch die Rückkehr der deutschen Frage, die gelöst schien, zum Handeln veranlaßt, um die Einbindung der Bundesrepublik zu verstärken. Orientierungsrahmen für das Handeln waren u.a. Vorstellungen, wie sie vom Planungschef des Auswärtigen Amtes, Seitz, von verschiedenen CDU-Repräsentanten und aus der SPD geäußert wurden. Besonders interessant und vielversprechend erschienen in Frankreich die Vorschläge Helmut Schmidts, die eine Vereinigung der militärischen Kräfte Frankreichs und der Bundesrepublik vorsahen. Die Atomstreitmacht sollte Frankreich unterstellt bleiben, die Bundesrepublik lediglich bei der Zielplanung mitwirken. Schmidt sprach vom ‚deutsch-französischen Tandem', an dessen Spitze Frankreich wieder eine Weltrolle spielen könne.
Diese Redewendung packte die Franzosen an einer schwachen Stelle, denn auch

„Frankreich hat ein Identitätsproblem. Wir wollen eine Weltmacht sein und wissen doch, daß wir nicht die Statur dazu haben", so Alfred Grosser (La décision allemande et la politique française, in: Le Monde, 24.11.1983).
Ziel der Europapolitik Frankreichs ist nicht nur die Einbindung der Bundesrepublik, der Wiederaufstieg zur Größe erscheint nur noch in diesem Rahmen möglich.
Für die verbliebene Amtszeit Giscard d'Estaings, die in den zeitlichen Rahmen dieser Arbeit fällt, war keine besondere Reaktion auf das Sicherheitsproblem Bundesrepublik festzustellen, das an Virulenz wieder gewonnen hatte. Erst mit Beginn der Amtszeit François Mitterrands und der Linkskoalition schlug sich die Besorgnis in Handlungen nieder. Auf die Wiederkehr der deutschen Frage reagierte man auf verschiedenen Ebenen.
Politische Initiativen erfolgten gegenüber der DDR und der Bundesrepublik. Der DDR, lange Zeit von Frankreich wenig beachtet, weil durch Einbindung in den sowjetischen Machtbereich kontrolliert, wurde 1985 die Ehre eines Besuchs des französischen Premierministers zuteil, die wirtschaftlichen und kulturellen Beziehungen der beiden Länder wurden ab 1984 verstärkt, wenngleich der Umfang vergleichsweise bescheiden geblieben ist.
Gegenüber der Bundesrepublik versuchte man im bi- und im multilateralen Rahmen, durch Initiativen auf die perzipierte Gefahr einzuwirken.
Ab Frühjahr 1984 unternahm die französische Regierung Vorstöße, um die europäische Einigung im Rahmen der EG voranzubringen, eine Europäische Union, die sich auch mit der europäischen Verteidigung befassen sollte, war das Ziel. Das fand in der Bundesrepublik und bei anderen Staaten, so z.B. Großbritannien, wenig Gegenliebe. Seit 1981 wurden immer wieder Vorstöße unternommen, die WEU als Organ für die europäische Verteidigung neu zu beleben. Der WEU-Vertrag sieht einen automatischen militärischen Beistand für angegriffene Mitglieder vor, die WEU-Organisation verfügt über Organe, die sich mit Verteidigungsfragen beschäftigen. 1984 erfolgte die formelle Wiederbelebung der WEU, praktische Konsequenzen hat sie nicht in nennenswertem Umfang erbracht.
Auf bilateraler Ebene wurden 1982 die militärischen Bestimmungen des deutsch-französischen Freundschaftsvertrages von 1963 in Kraft gesetzt, die eine weitgehende Zusammenarbeit auf strategischem Gebiet und in der Rüstungskooperation vorsahen. Diese hatten 1963 auf Druck der USA hin keine Gültigkeit erlangt.
Anläßlich des 20. Jahrestags des Elysée-Vertrags redete der sozialistische Präsident Mitterrand am 20. Januar 1983 vor dem Bundestag. Bei dieser Gelegenheit unterstützte er nochmals nachdrücklich die NATO-Nachrüstung als Mittel zur Wiederherstellung des Gleichgewichts in Europa und stellte sich damit gegen die Bruderpartei SPD, die am Sinn der Nachrüstung mehr und mehr zweifelte, diese schließlich ablehnte.
Die Unterstützung der Nachrüstung und die guten Beziehungen zu den USA von 1981 - 84 sind als politischer Schachzug zu beurteilen, der militärische

Wert der Pershing II und Cruise Missiles gegen die angebliche Wunderwaffe SS-20 ist dabei zweitrangig. Für Frankreich ging es darum, die politische Einbindung der Bundesrepublik im Westen zu sichern, das war in diesem Fall am besten möglich, indem man den Standpunkt der USA unterstützte und mit ihnen eine Stationierung von atomar bestückten Raketen in der Bundesrepublik durchzusetzen suchte, die das Verhältnis der Bundesrepublik zur Sowjetunion und der DDR verschlechtern mußte. Auf diese Art wollte man unkonfrontativ, vermittelt über Dritte, das Sicherheitsproblem Bundesrepublik lösen. Die Nutzung der US-Schiene als Mittel zur Kontrolle der Bundesrepublik ist eine traditionelle Politik der V. Republik. Daß Mitterrand kein Atlantiker ist, zeigen die Ablehnung des SDI-Projekts und das Fernbleiben vom Vorbereitungsgipfel im Oktober 1985 für das Treffen Reagan - Gorbatschow. Gegenüber der UdSSR wurde die französische Politik wieder viel offener, bedingt durch SDI. Gorbatschow reiste im Herbst 1985 nach Paris.

Neben der Belebung des Elysée-Vertrags bot die französische Regierung 1983 in geheimen Verhandlungen die Stationierung von Hades-Raketen in der Bundesrepublik an, mit einem Mitspracherecht der Bundesregierung bei deren Einsatz. Die Bundesregierung lehnte das ab.

Auf militärischer Ebene machte Frankreich der Bundesrepublik Avancen. Die französische atomare Strategie, Ausdruck des Strebens nach nationaler Unabhängigkeit und Größe, setzt dabei Grenzen. Die Gültigkeit von atomaren Garantien für Verbündete wird generell mehr und mehr angezweifelt, im Falle Frankreichs, dessen Abschreckung auf den Prinzipien der Abschreckung des Schwachen gegen den Starken und der nationalen Verfügung über die Atomwaffen beruht, ist das noch problematischer. Frankreichs Atomwaffen liegen nach eigenem Verständnis nur knapp über dem ‚seuil de credibilité', stellen das absolut unabdingbare Minimum dar. Sie könne kaum andere Länder in glaubwürdiger Weise in die Garantie einschließen, die strategischen Atomwaffen sichern das nationale Sanktuarium und die vitalen Interessen. Man hat bewußt die nicht näher definierte Leerformel der vitalen Interessen gewählt, denn ein Prinzip der französischen Abschreckung ist die Ungewißheit des Gegners darüber, wann er gegen diese vitalen Interessen verstößt und mit dem strategischen Atomschlag zu rechnen hat.

Ein Problem zwischen Frankreich und der Bundesrepublik waren die taktischen Atomwaffen und die konventionellen französischen Truppen in der Bundesrepublik. Diese sollen im Ernstfall an der Verteidigung der Bundesrepublik mitwirken, andererseits aber, zusammen mit den taktischen Atomwaffen, die letzte Warnung für den Gegner vor dem strategischen Atomschlag geben. Die taktischen Atomwaffen, wie die Pluton-Rakete, würden zudem wegen ihrer geringen Reichweite auf dem Gebiet der Bundesrepublik explodieren.

1983 beschloß die französische Regierung mit dem ‚loi-programme' 1984 - 88, bundesdeutschen Forderungen und Wünschen entgegenzukommen. Auf atomar-strategischer Ebene war das nicht möglich, eine Teilung dieser Waffen mit der Bundesrepublik erscheint in Frankreich nicht möglich.

Bei den taktischen Atomwaffen hatte Frankreich der Bundesregierung die Teilhabe am Hades-System angeboten, was diese ablehnte. Im loi-programme 1984 - 88 wurden die taktischen Atomwaffen der 1. Armee entzogen und einer eigenen Einheit unterstellt, die Reichweite der neuen Systeme ASMP und Hades beseitigt das Problem, daß französische taktische Atomwaffen auf bundesdeutschem Boden explodieren müßten. ASMP und Hades können zeitlich und räumlich weiter vorne eingesetzt werden.
Im konventionellen Bereich wurde eine schnelle Eingreiftruppe, FAR, aufgestellt, die hauptsächlich zur Teilnahme an der Vorneverteidigung in der Bundesrepublik gedacht ist. Die französischen Truppen in der Bundesrepublik werden bei Beschaffungen bevorzugt und von Personaleinsparungen ausgenommen. Die Divisionsstruktur wird verändert, die Panzerkomponente verstärkt, womit die Kampfkraft erhöht werden soll.
In der Rüstungspolitik ist Frankreich auf die Kooperation mit der Bundesrepublik angewiesen. Die Erhaltung einer eigenständigen Rüstungsindustrie, Voraussetzung für eine unabhängige Verteidigungspolitik, ist angesichts der technologischen und der Kostenentwicklung nicht mehr anders möglich. Der strategischen, politischen und technologischen Herausforderung des US-Forschungsprogramms SDI, den Gefahren, die es für Frankreich und Europa birgt, kann nur im multinationalen Rahmen begegnet werden, vorzugsweise mit dem wirtschaftlich und technologisch stärksten Partner in Westeuropa, der Bundesrepublik. Somit hat die Bundesrepublik mitentscheidenden Charakter für die französische Politik der Unabhängigkeit gewonnen. Sie ist vom Gegenstand der Sicherheitspolitik, über und mit dem man agierte, zum Mitakteur geworden, der durch seine Entscheidungen die französische Zukunft mitbestimmt.
Daneben ist die Bundesrepublik immer noch ein Sicherheitsproblem im alten Sinn geblieben, denn das US-Raketenabwehrprogramm droht die Westeuropäer endgültig vom atomaren US-Schutz abzukoppeln. Die Nachrüstung hatte erst vor kurzem die mühsame Wiederankopplung bewirkt, in französischen Augen. Wie wird die Bundesrepublik auf die neuerliche Gefahr für ihre Sicherheit reagieren? Bisher wird SDI in der Bundesrepublik noch nicht sehr stark als Gefahr wahrgenommen, das Problem ist mit langfristigen Perspektiven verbunden. Doch wird es im Lauf der Zeit immer dringender werden. Wird die Bundesrepublik dann Lösungen im Osten suchen, wie man in Frankreich anläßlich der Begleitumstände der Nachrüstung befürchtete?
In französischer Sicht wäre die beste Lösung ein europäischer Zusammenschluß und eigene Raumfahrtprogramme, zivile und militärische, sowie ein eigenes Technologieprogramm, Eureka, um nicht endgültig den Anschluß an die USA und Japan zu verlieren.
Aber die Bundesregierung entsprach den französischen Erwartungen nicht. Die Beteiligung am französischen Satellitenprogramm wurde abgesagt, der französischen Hermes-Raumfähre die US-Raumstation Columbus vorgezogen, die Beteiligung an Eureka fiel finanziell schwach und politisch halbherzig aus. Kanzler Kohl will vor Weihnachten 1985 ein offizielles Abkommen über die

Teilnahme am SDI-Programm beschließen lassen. Einzig ein EVI-Projekt (Europäische Verteidigungs-Initiative) ist noch im Gespräch, dessen Konturen und Abgrenzung gegenüber SDI jedoch bisher unklar blieben.
Die deutsch-französischen Beziehungen befinden sich gegenwärtig, Ende des Jahres 1985, in einer schweren Krise. Die Bundesregierung hat in allen Bereichen, politisch, militärisch-technologisch und wissenschaftlich, die traditionelle Ausrichtung auf die USA bevorzugt. Manche sehen eine historische Chance der deutsch- französischen Kooperation vertan. Es ist der französischen Politik nicht gelungen, die Bundesrepublik zu einer notwendigen Zusammenarbeit und Stützung der französischen Position zu bewegen.
Bleiben die Aussichten auf die Zukunft. Im März 1986 wird es in Frankreich Parlamentswahlen geben, die mit Sicherheit eine Änderung der Zusammensetzung der Regierung nach sich ziehen werden. Außen- und Verteidigungspolitik sind in Frankreich durch die starke Stellung des Präsidenten dessen ‚domaines réservés' geworden. Doch 1988 stehen auch Wahlen für das Präsidentenamt an. Deshalb ist es nützlich, die sicherheitspolitischen Positionen der großen Parteien zu kennen.
Die KPF hängt seit 1977 einer orthodox-gaullistischen Verteidigungspolitik an, sie will mit den französischen Atomwaffen allein das eigene Territorium schützen, lehnt jegliche Zusammenarbeit und Teilnahme an der Verteidigung Europas ab.
In der RPR existieren zwei Flügel, die über die Sicherheitspolitik Differenzen haben. Der eine, um Couve de Murville etc., vertritt altgaullistische Vorstellungen, steht einer europäischen Verteidigung und Verpflichtungen für die Bundesrepublik eher skeptisch gegenüber. Der Chirac-Flügel hat weitgehende Teilnahmemodelle für eine europäische Verteidigung, auch mit Atomwaffen, unter Beteiligung der Bundesrepublik an der Verantwortung, veröffentlicht. Danach sollten taktische Atomwaffen in der Bundesrepublik stationiert und dieser eine atomare Zusatzgarantie gegeben werden. An ihrer konventionellen Verteidigung sollte in 2. Staffel teilgenommen werden, aber ohne Automatismus, wie betont wird. Die offiziellen Dokumente der RPR äußern sich sehr zurückhaltend zu einer französischen atomaren Garantie für die Bundesrepublik, der Begriff der vitalen Interessen schlösse nichts aus. Man sprach sich für eine europäische Verteidigungsinitiative aus. Zu SDI äußerte sich die RPR dabei nicht.
In der UDF herrscht eine atlantische Strömung vor, die die europäische Verteidigung als zweiten Pfeiler in der NATO ausbauen und sich stärker in die NATO integrieren will. Es werden der Eintritt in die nukleare Planungsgruppe (NPG) und die Teilnahme an der Vorneverteidigung in 2. Staffel propagiert. Diese Vorstellungen wurden schon 1976 an die Öffentlichkeit getragen und seither in einigen Bereichen weiterentwickelt, so schlägt die UDF inzwischen einen europäischen Sicherheitsrat in der EG als institutionellen Rahmen vor. Die Verteidigung Europas könne sich nur um das Dreieck Frankreich-Großbritannien-Bundesrepublik aufbauen. Das soll nicht im Gegensatz zu, sondern

mit und in der NATO und den USA geschehen. Die UDF ist für eine französische Beteiligung an SDI und ein europäisches Subsystem.
Die sozialistische Partei erklärte, es könne keine explizite atomare Garantie für die Bundesrepublik geben, aber die vitalen Interessen Frankreichs entwickelten sich derart, daß sie mehr und mehr die Bundesrepublik umfaßten, die Bedeutung der französischen Abschreckung für Westeuropa wachse. Die FAR und die Gespräche über den Einsatz der taktischen Atomwaffen seien Beweise konkreter Solidarität. Die Bundesrepublik müsse eng mit Frankreich kooperieren, bei der Rüstung, im Weltraum und in der Technologie, und nicht jeder warnenden Aufforderung aus den USA nachkommen, wie das gegenwärtig der Fall sei.
Als Institution für eine europäische Verteidigung, deren langfristige Ziele im Gegensatz zu dem UDF-Ziel des europäischen Pfeilers stehen, nennt die PS die WEU und, in pragmatischer Weise, die EG. Langfristiges Ziel der PS ist die Überwindung von Jalta, der Teilung Europas und der Vorherrschaft der Supermächte. Das SDI-Projekt wird strikt abgelehnt und als Gefahr bezeichnet.
Den weitestgehenden Vorschlag in der Debatte machte der IFRI-Mitarbeiter Lellouche. Er will französische Truppen an der Elbe stationieren und weitere Divisionen beiderseits des Rheins in 2. Staffel bereithalten, mit eigenen taktischen Atomwaffen. Zusammen sieht er dafür 12 französische Divisionen vor, eine Zahl, die auch Helmut Schmidt genannt hatte.
Gegenwärtig erscheint es wahrscheinlich, daß nach den Parlamentswahlen ein Patt zwischen den drei großen Parteien PS, UDF und RPR entstehen wird, so daß keine Gruppen, PS oder UDF/RPR, ohne Mitwirkung oder Tolerierung von anderer Seite eine Regierung bilden kann, eine Beteiligung von KPF und Front National einmal ausgeschlossen. In diesem Fall wäre es für Präsident Mitterrand relativ leicht, seine Verteidigungspolitik fortzusetzen. Die Wirtschaftspolitik des Präsidenten ist seit der Wende 1984 stark auf Modernisierung, Hochtechnologie und Wachstum ausgerichtet. In der Frankfurter Allgemeinen wurde Mitterrand attestiert, die Opposition könne, falls sie die Mehrheit erhalten sollte, keine wesentlich andere Wirtschaftspolitik betreiben, allenfalls die Nationalisierungen rückgängig machen.[1]
Mit der Wahlrechtsreform 1985 führte Mitterrand das Verhältniswahlrecht ein, das die Position der PS und mögliche Koalitionen begünstigt. Bei einem Patt nach den Parlamentswahlen wären durchaus neue Kombinationen denkbar, so unverbrüchlich sind die Bande zwischen UDF und RPR nicht.[2]
In der Sicherheitspolitik vertreten UDF und PS zwar langfristig unterschiedliche Ziele, doch die kurzfristigen Maßnahmen, die dahin führen, sind nicht so unterschiedlich, für beide ginge es darum, die Europäer erst einmal enger zusammenzuführen. Die Differenzen zwischen UDF und RPR in der Regierungszeit Giscard d'Estaings waren in der Verteidigungspolitik recht groß, was kein unüberwindliches Hindernis darstellte, das gleiche gilt für die Koalition PS und PC. Das Primat des Präsidenten gibt in diesem Bereich den Ausschlag.
Eine bedeutsame Änderung der französischen Sicherheitspolitik in Europa und gegenüber der Bundesrepublik wäre frühestens nach der Präsidentschaftswahl

1988 zu erwarten. Deren Ausgang ist völlig unabhsehbar, momentan versuchen die verschiedenen Aspiranten, ihre Stellung auszubauen. In der PS stehen Rocard, Fabius und Jospin bereit, Mitterrand zu beerben, Raymond Barre und Chirac machen aus ihren Ambitionen kein Hehl, während Giscard d'Estaing bislang vorgibt, lediglich Premierminister werden zu wollen.
1987 wird es in der Bundesrepublik Bundestagswahlen geben. Voraussetzung für eine zukünftige enge Zusammenarbeit mit Frankreich wäre ein Wahlerfolg der SPD, die amtierende Regierung hat bewiesen, daß sie auf die USA setzt.
In der SPD dagegen fordert man immer wieder, der Zusammenarbeit mit Frankreich den Vorrang zu geben. Sie forderte ein stärkeres Engagement der Bundesrepublik für Eureka und die Beteiligung an der Hermes-Raumfähre.[3]
Mit der sozialistischen Partei Frankreichs gab es Differenzen wegen der Nachrüstung, nunmehr sind beide in der Ablehnung der SDI-Pläne einig, fordern eine deutsch-französische Zusammenarbeit im politischen, militärischen und technologischen Bereich. Der Vorschlag von Helmut Schmidt (siehe Kapitel 3.3.) wird von der PS immer wieder aufgegriffen. Fontaine weiß zu berichten, Schmidt und Mitterrand hätten sich wenige Tage vor Mitterrands Straßburger Rede zur Europäischen Union, im Mai 1984, getroffen.[4] Seine Vorschläge unterbreitete Schmidt am 28. Juni 1984 im Bundestag. Auch Lellouche baut darauf auf, Schmidt hat in Frankreich stark an Ansehen gewonnen.
Die sicherheitspolitischen Konzeptionen von PS und SPD liegen nicht so weit auseinander wie man nach den Differenzen von 1983 glauben könnte. In dem Papier ,La sécurité de l'Europe' der PS wird von der Hebung der atomaren Schwelle und der Stärkung der konventionellen Verteidigung gesprochen.[5] Das no-first-use Konzept wird abgelehnt. Die PS fordert, da sie eine atomwaffenfreie Zone in Mitteleuropa ablehnt, eine entmilitarisierte Zone entlang der Grenze der beiden Militärblöcke, sie will zusätzlich mit dem Warschauer Pakt über die Verringerung von taktischen Atomwaffen und Offensivwaffen (Panzer, Kampfflugzeuge) verhandeln. Vertrauensbildende Maßnahmen werden befürwortet.[6]
Vergleicht man das einmal mit den Verteidigungskonzeptionen, die von der Strategiekommission der SPD und vor allem von deren Mitglied Andreas von Bülow vorgelegt werden,[7] so stellt man fest, daß die Vorstellungen nicht allzu weit auseinanderliegen. Auch der Bülow-Entwurf spricht sich gegen frühen Ersteinsatz von Atomwaffen, für die Hebung der atomaren Schwelle und die Stärkung der konventionellen Komponente aus.[8] Die Konzeption Bülows ist bislang eine unzusammenhängende Mischung aus grenznaher Panzerabwehr im Milizsystem, Beibehaltung traditioneller Panzerverbände (in verringertem Umfang), atomwaffenfreier Zone und ,no early first use' mit Endziel ,no-first-use', und Konventionalisierung, „wo nötig". Der Panzerabwehrriegel in 25 - 70 km Tiefe an der Grenze erleichtere die Integration der französischen FAR. Daneben will Bülow am Tornado-Kampfflugzeug festhalten, das auch für Schläge tief ins Hinterland des Gegners geeignet ist, wie sie der Rogers-Plan vorsieht, den Bülow ablehnt.[9]

Allerdings will Bülow als Fernziel auf den Ersteinsatz von Atomwaffen verzichten, die nuklearen Theaterwaffen, „wo nötig", abziehen und durch konventionelle Systeme ersetzen sowie eine 300 km breite atomwaffenfreie Zone in Mitteleuropa schaffen.[10] Mit dem Abbau der Pershing II, den Bülow fordert, dürfte die PS nicht ohne weiteres einverstanden sein.
Doch sind das Abweichungen, über die im Fall eines politischen Beschlusses zu enger Kooperation sicherlich Einigungen zu erzielen wären. Wichtig ist die Existenz von Verknüpfungen und Annäherungen der Standpunkte von SPD und der PS, nicht zuletzt durch SDI, die eine zukünftige Zusammenarbeit nach der Vision Schmidts vom deutsch-französischen Tandem möglich erscheinen lassen.
Die Aussichten für eine Verwirklichung dieser Option scheinen gegenwärtig, Anfang 1987, nicht besonders gut zu sein. Die SPD hat bei der Wahl am 25. Januar ihr Ziel, die Kohl-Regierung abzulösen, nicht erreicht. Die Mehrheitsverhältnisse in Frankreich sind im Zeichen der Kohabitation unsicher, Veränderungen der Sicherheitspolitik blockiert. Umfragen geben Präsident Mitterrand einen Vorsprung, sehen aber die Koalition aus UDF und RPR, die seit dem März 1986 die Regierung stellt, im Falle von Parlamentswahlen vorne. Vieles wird vom Ausgang der Präsidentenwahlen 1988 abhängen. Sollte die Rechte in Frankreich 1988 auch den Präsidenten stellen können, so wird sich Frankreich, im Verein mit der Bonner Koalition aus CDU/CSU und FDP, aufgrund der politischen Orientierung vor allem der UDF und wegen der langfristigen Auswirkungen von SDI langfristig an die NATO annähern. Eine etappenweise Rückkehr in die militärische Integration ist mit der UDF-Option auf den Eintritt in die nukleare Planungsgruppe (NPG) schon angedeutet.

Anmerkungen

1 FAZ, 21.10.1985;
2 z.B. Le Monde, 20./21.10.1985;
3 FAZ, 18.10.1985;
4 Le Monde, 5.7.1984;
5 Huntzinger, a.a.O., S. 11;
6 ebenda, S. 23 f;
7 Kriegsverhinderung im Atomzeitalter. Bericht der Arbeitsgruppe „Neue Strategien" beim SPD-Parteivorstand, in: politik 9, Juli 1983; Antrag des SPD-Vorstandes für den SPD-Parteitag in Essen, Mai 1984, mit: Bülow, Andreas von: Gedanken zur Weiterführung der Verteidigungsstrategien in West und Ost; Bülow, Andreas von: Sicherheitsstrukturen in Europa. Wege zur Sicherheitspartnerschaft. Entwurf eines Antrags zur Sicherheitspolitik für den Bundesparteitag 1986, Bonn, September 1985;
8 Bülow, 1985, a.a.O., S. 9;
9 ebenda, S. 10 ff; Bülow, 1984, a.a.O., S. 10 f;
10 Bülow, 1985, a.a.O., S. 20 f;

Literatur

A) Monographien

Boyer, Yves: Die französische Verteidigungspolitik und die neue Mehrheit, Frankfurt/M. 1983;
Fontaine, André: Le dernier quart du siècle, Paris 1976;
Fontaine, André: Un seul lit pour deux rêves. Histoire de la détente 1962 - 1981, Paris 1981;
Grosser, Alfred: La politique extérieure de la Ve République, Paris 1965;
Grosser, Alfred: Affaires Extérieures. La politique de la France 1944 - 1984, Paris 1984;
Lellouche, Pierre: L'avenir de la Guerre, Paris 1985;
Lutz, Dieter S.: Weltkrieg wider Willen? Reinbek 1981;
Mitterrand, François: Ici et Maintenant, Paris 1980;
Mitterrand, François: Politique II, 1977 - 1981, Paris 1981;
Rovan, Joseph: L'Allemagne du changement, Paris 1983;
Rühl, Lothar: La politique militaire de la Ve République, Paris 1976;
Sirjacques, Françoise: Frankreich und die NATO, Frankfurt/M. 1979;
Tatu, Michel: La bataille des euromissiles, Paris 1983;

B) Sammelbände

Alix, Christian/ Baier, Lothar/ Jouhy, Ernst: Sehfehler links? Über die deutsch-französische Miß-Verständigung, Gießen 1985;
Bourdet, Claude/ Mechtersheimer, Alfred: Europäisierung Europas, Berlin 1984;
Eberwein, Wolf-Dieter/ Kelleher, Catherine: Sicherheit – zu welchem Preis? Die Zukunft der westlichen Allianz, München/Wien 1983;
Fontaine, André: Les politiques extérieures européennes dans la crise, Paris 1976;
Fritsch-Bournazel, Renata, und Brigot, André, Clos, Jim: Les Allemands au coeur de l'Europe, Paris 1983;
Kaiser, Karl/ Lord, Winston/ de Montbrial, Thierry/ Watt, David: Die Sicherheit des Westens, neue Dimensionen und Aufgaben, Bonn 1981;
Lellouche, Pierre: La sécurité de l'Europe dans les années 80, IFRI-Forschungsbericht, Paris 1980;
Lellouche, Pierre: Pacifisme et dissuasion, IFRI- Forschungsbericht, Paris 1983;
Militärpolitik Dokumentation: Der Streit um die atomare Bewaffnung. Argumente der Ära Adenauer, Heft 25, Frankfurt/M. 1982;
Schütze, Walter: Frankreichs Verteidigungspolitik 1953 - 1983. Eine Dokumentation, Frankfurt/M. 1983;

C) Aufsätze

Adrets, André: Les relations franco-allemandes et le fait nucléaire dans une Europe divisée, in: Politique Entrangère 3/1984, S. 649 - 664;
Aurillac, Michel: Une garantie nucléaire française pour l'Europe, est-elle possible? in: Politique Etrangére 2/1983, S. 371 - 380;
Bahr, Egon: Deutschland und die Atomwaffen, in: Die Neue Gesellschaft 3/1984, S. 217 - 221;
Bauer, Harald: Neuere Entwicklungen der Formen von Militärhilfe am Beispiel der USA, unveröffentlichte Diplomarbeit: Berlin 1983;
Bauer, Harald: Das „No-first-use" Konzept, in: Konventionelle Rüstung, antimilitarismus-information (ami) 12/84, S. Y-111 - 119;

Bennecke, Lars/ Krafft, Ulrich: Gemeinsam vor der technischen Herausforderung. Deutsch-französische Kooperation in Rüstung und Technologie, in: Dokumente 2/1985, S. 109 - 122;
Bloemer, Klaus: Die Übereinstimmung zerbricht. Ein neuer Sicherheitskonsens ist gefragt, in: Die Neue Gesellschaft 1/1984, S. 76 - 82;
Bonnéry, Bernard: Les racines historiques du pacifisme allemand, in: Allemagnes d'aujourd'hui 3/1984, S. 7 - 24;
Boyer, Yves: Raketenabwehr im Weltraum. Antwort auf eine moralische Frage oder Reform der Strategie? in: Europa-Archiv, Folge 15/1985, S. 467 - 474;
Bülow, Andreas von: Alpträume West gegen Alpträume Ost. Ein Beitrag zur Bedrohungsanalyse, Bonn 1984;
Chauvin, Charles: Les Eglises dans le débat sur la paix, in: documents 2/1984, S. 14 - 38;
Chirac, Jacques: Au sujet des armes nucléaires tactiques, in: Défense Nationale 5/1975, S. 11 - 15;
Chirac, Jacques: Le rôle de la France dans les relations Est-Ouest, in: Politique Etrangère 3/1984, S. 673 - 689;
Colard, Daniel: Frankreichs Abkehr von der „nuklearen Maginot-Linie". Wandlungen im militärischen Denken – Europäische Verteidigung? in: Dokumente 2/1984, S. 123 - 134;
Dreyfus, François: Pacifisme et neutralisme en Allemagne fédérale d'aujoud'hui, in: Défense Nationale 2/1982, S. 7 - 21;
d'Estaing, Valéry Giscard: Allocution à l'occasion de la visite à l'Institut des Hautes Etudes de Défense Nationale, in: Défense Nationale 7/1976, S. 5 - 20;
Edighoffer, Roland: Les Eglises et le pacifisme en RFA, in: Allemagnes d'audjourd'hui 3/1982, S. 6 - 17;
Fabius, Laurent: La politique de défense: rassembler et moderniser, in: Défense Nationale 11/1984, S. 7 - 17;
Fischer, Martina: Die Westeuropäische Union – Teil I – Vom bürokratischen Wasserkopf zur zweiten Säule der NATO? in: antimilitarismus-information 2/85, S. Y-1 - 10;
Frei, Daniel/ Gaupp, Peter: Das Konzept „Sicherheit" – Theoretische Aspekte, in: Schwarz, Klaus-Dieter: Analysen zur politischen und militärischen Sicherheit, Bad Honnef - Erpel 1976, S. 3 - 16;
Frisch, Alfred: Deutsch-französische Verteidigung? Gemeinsame Überlegungen zu Fragen der Sicherheit, in: Dokumente 3/1982, S. 204 - 208;
Fritsch-Bournazel, Renata: Rapallo et son image en France, in: documents 2/1982, S. 3-12;
Fritsch-Bournazel, Renata: Etapes et risques de l'Ostpolitik, in: Défense Nationale 5/1983, S. 103 - 110;
Gabert, Gérard: Le mouvement allemand pour la paix et les malentendus franco-allemands, in: documents 2/1984, S. 69 - 77;
Gnesotto, Nicole: Union de l'Europe Occidentale: La France, l'Europe, l'Alliance, in: Défense Nationale 6/1985, S. 41 - 52;
Grosser, Alfred: Où en est la République Fédérale d'Allemagne? in: Revue Allemagne 1/1985, S. 3 - 8;
Heisbourg, François: Défense et sécurité extérieure: le changement dans la continuité, in: Politique Etrangère 2/1985, S. 377 - 395;
Hernu, Charles: Répondre aux défis d'un monde dangereux, in: Défense Nationale 12/1981, S. 5 - 23;
Hernu, Charles: Face à la logique des blocs, une France indépendante et solidaire, in: Défense Nationale 12/1982, S. 7 - 21;
Hesse, Reinhard: Les traumatismes politiques dans les relations franco-allemandes, in: Allemagnes d'aujourd'hui 3/1984, S. 42 - 54;
Iklé, Fred: Nuclear strategy: Can there be a happy ending? in: Foreign Affairs, spring 1985, S. 820 ff; deutsch in: FAZ, 30. und 31.5.1985;
Karl, Wilfried: Die Re-Instrumentalisierung der WEU, in: antimilitarismus-information 3/85, S. Y-11 - 20;
Klein, Jean: Actualité du problème allemand, in: Politique Etrangère 4/1984, S. 917 - 931;
Krause, Christian: Plus/Minus dreiunddreißig Divisionen. Stimmt der militärische Kräftevergleich? in: Die Neue Gesellschaft 11/1982, S. 1076 - 1081;

Krell, Gert: Die Entwicklung des Sicherheitsbegriffs, in: Beiträge zur Konfliktforschung 3/1980, S. 33 - 57;
Kölling,Marlene: Stationen bundesdeutscher Nuklearpolitik. Zwischen Verzichtserklärung und Realisierung von militärisch-nuklearen Optionen, in: Vom AKW zur Bombe? antimilitarismus-information 6/85, S. Y-22 - 31;
Kronshage, Jürgen: Neue konventionelle Waffensysteme, in: Konventionelle Rüstung, antimilitarismus-information 7/83, S. Y-117 - 123;
Lacaze, Jeannou: Politique de défense et stratégie militaire, in: Défense Nationale, 6/1983, S. 11 - 29;
Lacaze, Jeannou: Concept de défense et de sécurité en Europe, in: Défense Nationale 7/1984, S. 11 - 22;
Lacaze, Jeannou: L'avenir de la défense française, in: Défense Nationale, 7/1985, S. 15 - 23;
Le Gloannec, Anne-Marie: Les reactions allemandes à la crise polonaise, in: documents 1/1982, S. 3 - 13;
Lellouche, Pierre: La France, les Salt et la sécurité en Europe, in: Politique Etrangère 4/1979, S. 249 - 271;
Mauroy, Pierre: La cohérence d'une politique de défense, in: Défense Nationale 10/1981, S. 15 - 28;
Mauroy, Pierre: Vers un nouveau modèle d'armée, in: Défense Nationale 11/1982, S. 9 - 28;
Mauroy, Pierre: La stratégie de la France, in: Défense Nationale 11/1983, S. 5 - 22;
Méry: Une armée pour quoi faire et comment? in: Défense Nationale 6/1976, S. 11 - 34;
Moreau-Defarges, Philippe: „... J'ai fait un rêve ...". Le président Mitterrand, artisan de l'Union Européenne, in: Politique Etrangère, 2/1985, S. 359 - 374;
Passadeos, Christos/ Rudnianski, Michel: Une mince frontière entre recherches civiles et potentialités militaires, in: Le Monde diplomatique, août 1985, S. 20 f;
Pfeiler, Wolfgang: Konturen sowjetischer Rüstungspolitik, in: aus politik und zeitgeschichte, 2.6.1984, S. 15 - 26;
Poirier, Lucien: La greffe, in: Défense Nationale 6/1983, S. 5 - 32;
Schmidt, Helmut: Une stratégie pour l'alliance, in: Politique Etrangère 2/1983, S. 283 - 296;
Schmidt, Helmut: Un trajet allemand, entretien avec Luc Ferry et Rudolf von Thadden, in: Le débat, n° 35, mai 1985, S. 4 - 30;
Schütze, Walter: Neuorientierungen in der Außenpolitik Frankreichs, in: Europa- Archiv, Folge 23/ 1980, S. 701 - 710;
Schütze, Walter: Die Bedeutung der französischen Kernwaffen, in: aus politik und zeitgeschichte, 19.11.1983, S. 3 - 10;
Schütze, Walter: Frankreich und die Politik der Abrüstung und Rüstungsbegrenzung, in: Europa-Archiv, Folge 1/1984, S. 1 - 10;
Schütze, Walter: Die deutsch-französische Zusammenarbeit im Bereich der Sicherheit, in: Vom AKW zur Bombe? antimilitarismus-information 6/85, S. Y-46 - 55;
Seitz, Konrad: Deutsch-französische sicherheitspolitische Zusammenarbeit, in: Europa-Archiv, Folge 12/1982, S. 32 - 39;
Seitz, Konrad: La coopération franco-allemande dans le domaine de la politique de sécurité, in: Politique Etrangère 4/1982, S. 979 - 987;
Seitz, Konrad: SDI – die technologische Herausforderung für Europa, in: Europa-Archiv, Folge 13/1985, S. 381 - 390;
Sirjacques-Manfrass, Françoise: Grundzüge der französischen Sicherheitspolitik in der Ära Mitterrand, in: Krippendorff, Ekkehart/ Stuckenbrock, Reimar: Zur Kritik des Palme Berichts, Berlin 1983, S. 31 - 39;
Sirjacques-Manfrass, Françoise: L'armement nucléaire français, sa place dans un dispositif franco-allemand, ohne Ort, November 1984;
Statz, Albert: Die westdeutsch-französische Kooperation: Eine realistische Achse der Westeuropäisierung? in: Die Grünen: Euromilitarismus, Köln/Bonn 1985, S. 40 - 52;
Tatu, Michel: La défense européenne: Une tâche commune? in: documents 4/1982, S. 61 - 78;
Wodetzki, René: Nähert sich der Warenaustausch dem Ausgleich? Eine Bestandsaufnahme der deutsch-französischen Handelsbeziehungen, in: Dokumente 3/1984, S. 249 - 252;

D) Nachschlagewerke, Lexika

La Grande Encyclopédie Larousse, Paris 1977;
Meyers Enzyklopädisches Lexikon, Mannheim/Wien 1977;
SIPRI Yearbook 1982, London 1982;
Woyke, Wichard: Handwörterbuch Internationale Politik, Opladen 1977;

E) Amtliche Veröffentlichungen

Loi sur la programmation militaire 1976 - 1982, in: Journal officiel de la République française, lois et decrets, 20 juin 1976, S. 3699 - 3707;
Loi sur la programmation militaire 1984 - 1988, in: Journal officiel de la France, lois et decrets, 9 juillet 1983, S. 2114 - 2121;

F) Dokumente und Papiere von Parteien

Parti Socialiste (PS):
Projet Socialiste, Paris 1980;
Bureau, Jean-François/ Soppelsa, Jacques: Paix, sécurité et désarmement, Paris, mai 1982;
Huntzinger, Jacques: La sécurité de l'Europe, Paris, juin 1985;
Rassemblement pour la République (RPR):
Aurillac, Michel: Réflexions sur la défense, Paris 1983;
Fillon, Francois: La défense de la France, Paris, juin 1985;
Sozialdemokratische Partei Deutschlands (SPD):
Kriegsverhinderung im Atomzeitalter. Bericht der Arbeitsgruppe „Neue Strategien" beim SPD-Parteivorstand, in politik 9, Juli 1983;
Antrag des SPD-Vorstandes für den SPD-Parteitag in Essen, Mai 1984, mit: Bülow, Andreas von: Gedanken zur Weiterführung der Verteidigungsstrategien in West und Ost:
Bülow, Andreas von: Sicherheitsstrukturen in Europa. Wege zur Sicherheitspartnerschaft. Entwurf eines Antrags zur Sicherheitspolitik für den Bundesparteitag 1986, Bonn, September 1985;
Union Pour la Démocratie Française (UDF):
Daillet, Jean-Marie/ Paecht, Arthur: Défendre l'Europe, Paris, mars 1984;